HONIG

ERICA BÄNZIGER

HONIG

Genuss und Gesundheit aus dem
Bienenstock

MIDENA

Die Deutsche Bibliothek –
CIP-Einheitsaufnahme

Bänziger, Erica:
Honig – Genuss und Gesundheit aus dem Bienenstock /
Erica Bänziger. Küttigen/Aarau: Midena : Augsburg : Weltbild, 1997
ISBN 3-310-00395-7

Alleinvertrieb für Deutschland:
Weltbild Verlag GmbH
Steinerne Furt 68-70, 86167 Augsburg

© 1997 MIDENA VERLAG GmbH
CH-5024 Küttigen
Gestaltung Umschlag und Layout: Dora Hirter, Birrwil
Foodbilder: Evelyn und Hans-Peter König, Zürich
Bilder Einführungsteil: Forschungsansalt FAM, Abteilung Bienen, Liebefeld, und
Gerhard Fasolin, Lenzburg; Stiche aus der Sammlung von Kurt Gautschi, Gontenschwil
Lithos: Neue Schwitter AG, Allschwil
Satz: Kneuss Satz AG, Lenzburg
Druck und Bindung: Neue Stalling, Oldenburg

Printed in Germany

ISBN 3-310-00395-7

INHALTSVERZEICHNIS

REZEPTE

Wo nicht anders vermerkt, sind die
Rezepte für 4 Personen berechnet.

EL = Esslöffel
TL = Teelöffel
dl = Deziliter
ml = Milliliter

KÖRERPFLEGE

ANHANG

Richtiger Honig
ist wie eine gute Medizin
und hat die ganze Heilkraft
der Natur.

Theodor Fontane

Widmung

*Dieses Buch widme ich den Freunden einer
natürlichen Ernährungs- und Lebensweise und allen
Imkern, die trotz der heutigen Umweltsituation ihre Bienen
mit nicht nachlassendem Eifer pflegen.
Ich wünsche ihnen zusammen mit ihren Bienen viele frohe
und glückliche Stunden und danke ihnen hiermit
im Namen aller «Honigfans» für die wertvolle Arbeit,
die sie für uns alle täglich erbringen.*

Erica Bänziger

DANK

Mein ganz spezieller Dank für die tatkräftige Unterstützung bei der Realisierung dieses Buches geht an folgende Personen und Firmen, die mit ihren Auskünften, Anregungen und fachlichen Ratschlägen maßgeblich zu seinem Zustande-kommen beigetragen haben:

- *Gerhard Fasolin, Publizist und Imker, Begründer des 1. Schweizer Bienenlehrpfads und Redaktor der Zeitung «Das Bienenmütterchen»*

- *Christophe Perret-Gentil, Biologe, Gründer der Firma Herboristerie Aries SA*

- *Martin Dettli, Imker, Dornach*

- *Firma Delinat, Heiden*

- *Firma Allos, Mariendrebber*

- *Firma Natura Tschui, Kappel*

- *Firma Vanadis AG, Sirnach*

- *Esther Sterchi, Imkerin*

- *Gilbert Baumann*

- *an all meine kritischen Testesser und Freunde, vor allem an die Kinder aus Neudorf LU, die mir stets gerne dabei geholfen haben, die großen Mengen an Süßspeisen zu probieren, und die mich mit ihren Sprüchen trotz der vielen Arbeit stets bei guter Laune hielten.*

Ein weiterer Dank geht an die Firma Glasi Hergiswil, die mir für die Fotoproduktion freundlicherweise das schöne handwerklich hergestellte Glas zur Verfügung gestellt hat. Die Glasartikel können in der Schweiz in zahlreichen Haushaltwaren-geschäften oder direkt bei der Firma Glasi Hergiswil in CH–6052 Hergiswil gekauft werden.

Mein letzter Dank gilt all den fleißigen Bienen auf der ganzen Welt, denn würden sie uns nicht den süßesten aller Naturstoffe schenken, dann hätte ich gar nichts zu schreiben gehabt, und meine Küche wäre um eine edle und wichtige Zutat ärmer.

VORWORT

Süßer, klebriger Honig – wer erinnert sich dabei nicht auch an seine Kindheit? Wer hat nicht heimlich den süßen Honig aus dem Honigglas geschleckt?

Bienen und ihre vielfältigen, auch heilkräftigen Produkte faszinierten mich schon als Jugendliche so stark, dass ich damals, inmitten einer Großstadt, den Wunsch hatte, den Beruf des Imkers zu erlernen. Zahlreiche liebe Imker, die ich in ganz Deutschland anschrieb, teilten mir daraufhin freundlich mit, die Imkerei werde heute vor allem als Hobby oder als Nebenerwerb betrieben, da es in unseren Regionen fast unmöglich sei, von der Imkerei allein zu leben. So entschloss ich mich schweren Herzens, meinen Traumberuf an den Nagel zu hängen, noch bevor ich ihn hatte ergreifen können ...

Als Ernährungsberaterin begegnete ich dem Naturprodukt Honig und den anderen Bienenprodukten aber immer wieder. Ich selbst verwende Honig seit über fünfzehn Jahren als natürliches und gesundes Süßmittel in meiner Küche. Mit einer Blütenpollenkur habe ich sogar meinen Heuschnupfen kurieren können. Die Faszination für die vielfältigen Produkte des Bienenvolks ist also geblieben, und so war ich denn auch sofort begeistert von der Idee des Verlags, ich solle ein kleines Honig-Kochbuch schreiben. Damit bin ich der Imkerei wieder ein Stück näher gekommen. Denn während einiger Monate tauchte ich bei der Arbeit zu diesem Buch intensiv in die geheimnisvolle und spannende Welt der Bienen ein. Vielleicht erfülle ich mir doch noch irgendwann meinen alten Traum und erlerne die wunderschöne Imkerei ...

Ich wünsche Ihnen beim Ausprobieren und Genießen schon jetzt viel Freude und guten Appetit.

Erica Bänziger

VORWORT

Wie entsteht Bienenhonig? Was machen die Bienen damit? Weshalb muss in unseren Breitengraden im Spätsommer Zuckersirup gefüttert werden? Wie soll der Bienenhonig gelagert werden? All diesen Fragen ist Erica Bänziger auf ihrer gezielten Suche nach den Geheimnissen rund um die Honigbiene und den Bienenhonig nachgegangen. Sie hat sich nicht gescheut, einige Imker vor Ort aufzusuchen, um selbst Einsicht in dieses komplexe Thema zu bekommen und Antworten auf ihre teilweise sehr kritischen Fragen zu erhalten. Dass sie auch einmal einen schmerzhaften Bienenstich erhielt, versteht sich von selbst.

Die sehr umfassende Einführung zu Bienenhaltung, Honigproduktion, Honiganwendungen usw. sprengt den Rahmen eines normalen Kochbuches.
Die Autorin zeigt Zusammenhänge auf, wie sie so klar und leicht verständlich noch selten der Öffentlichkeit zugänglich waren. Sie bricht im weitesten Sinn mit dem Tabu «Bienenhaltung» und der heute eher schon mystisch anmutenden Geheimniskrämerei, die uns Imkern nachgesagt wird.

Die Beschäftigung mit der faszinierenden Honigbiene ist nach wie vor eine eher stille (Freizeit-)Beschäftigung, in welche die wenigsten Imker Einblick gewähren.
Es ist eine Beschäftigung, welche Ruhe bedingt, aber auch Ruhe bringt.
Ein Umstand, der in der Hektik des heutigen Alltags nur allzu oft verloren geht.
Mit dem vorliegenden Honigbuch ist es der Autorin gelungen, ein wenig Licht in den Mythos der heimischen Imkerei zu bringen.

Im Namen unserer Bienenhalter und Bienenpfleger danke ich Erica Bänziger für die gelungene «Honig-Küche».

Gerhard Fasolin
Publizist und Imker

Zwei Bienen saugen den Nektar in einer Kürbisblüte.
Deutlich zu erkennen sind die Pollenkörner im Haarkleid der rechten Biene.

DAS LIED VOM HONIG
November 1918, Granada

Der Honig ist Christi Wort,
das geschmolzene Gold seiner Liebe.
Das Jenseits des Nektars,
die Mumie des Lichts vom Paradiese.

Der Bienenstock ist ein keuscher Stern,
ein Amberbrunnen, der den Rhythmus
der Bienen speist. Der Schoß der Felder,
welche zittern von Düften und Gesumm.

Der Honig ist das Epos der Liebe,
die Stofflichkeit des Unendlichen.
Klagende Seele und Blut der Blumen,
verdichtet durch einen anderen Geist.

Und so ist der Honig des Menschen die Poesie,
die aus seiner schmerzenden Brust quillt,
aus einer Wabe mit dem Wachs der Erinnerung,
geformt von der Biene des Innersten.

Der Honig ist die bukolische Ferne
des Hirten, die Flöte und der Olivenbaum,
Bruder der Milch und der Eicheln,
der höchsten Herrscherinnen des goldenen Zeitalters.

Der Honig ist wie die Morgensonne,
er enthält den ganzen Reiz des Sommers
und die alte Frische des Herbstes.
Er ist das welke Blatt und der Weizen.

O göttlicher Saft der Demut,
heiter wie ein schlichter Vers!

Die fleischgewordene Harmonie bist du,
die geniale Zusammenfassung der Lyrik.
In dir schlummert die Melancholie,
das Geheimnis des Kusses und des Schreis.

O Süße! Süß! Süße ist dein Attribut.
Süß wie der Bauch der Frauen.
Süß wie die Augen der Kinder.
Süß wie die Schatten der Nacht.
Süß wie eine Stimme.
      Oder wie eine Lilie.

Für den, der die Mühe und die Leier trägt,
bist du die Sonne, die den Weg beleuchtet.
Du gleichst allem Schönen der Farbe,
dem Licht, der Musik, den Tönen.

O göttlicher Saft der Hoffnung,
worin sich in vollkommenem Gleichgewicht
Seele und Materie vereinen
wie in der Hostie Christi Körper und Licht.
Und du bist der Blüten äußerste Vollendung.
O Saft, der du diese Seelen vereint hast!
Wer dich kostet, weiß nicht, dass er
die goldene Essenz der Lyrik in sich aufnimmt.

Federico García Lorca

Antiker Bienenkorb

Der Honig wird der Sonne zugeordnet.
Er gehört zum Element Luft, und seine Energien sind gut für
Reinigung, Gesundheit, Liebe, Sexualität, Glück, Zufriedenheit,
Spiritualität, Weisheit und zur Gewichtreduktion.

Scott Cunningham, «Magie in der Küche»

HONIG – FLÜSSIGES GOLD DER BIENEN

Die fleißigen Bienen bevölkern unseren Planeten in nahezu unveränderter Form bereits seit 35 bis 40 Millionen Jahren. In einem in der Ostsee gefundenen Bernstein, dessen Alter auf 40 bis 50 Millionen Jahre geschätzt wird, fand man Bienen, die sich kaum von der heutigen Honigbiene unterscheiden.

Seit es Geschichtsschreibung gibt, werden der Honig und die Bienen darin erwähnt. Für Jahrhunderte war Honig das einzige Süßmittel; er wurde in langen Winternächten in Form von Honigkuchen zur Stärkung gereicht. Auf alten Felszeichnungen schon finden wir Hinweise auf Menschen, die Honig aus wilden Bienenstöcken sammeln. Die älteste dieser Darstellungen stammt aus einer Zeit ca. 7000 v. Chr. aus Ostspanien. Es wird angenommen, dass die Nomadenvölker Zentralasiens zur Verbreitung der Honigbiene beigetragen haben. Sieht man von der Antarktis ab, so gibt es Bienen in allen Erdteilen. Sie zählen zu den wichtigsten und nützlichsten Insekten überhaupt. Weltweit sind 20'000 Bienenarten bekannt. In der Gattung der Honigbienen unterscheidet man heute sieben Arten. Bei uns kommt die sogenannte westliche Honigbiene vor.

Der göttliche Nektar der Antike

Schon im alten Ägypten, in Babylonien, Indien und China wurde Honig als göttlicher Nektar verehrt. Entsprechend früh stand bei diesen Völkern die Bienenhaltung in hoher Blüte. In Ägypten wurden die Bienen schon während der 1. Dynastie, um ca. 3200 v. Chr., als Symbol der Pharaonen und des Königreichs verehrt. Seit dieser Zeit symbolisiert die Biene in der Hieroglyphenschrift das Königtum. Die verschiedenen Völker schrieben den Bienen immer schon besondere Kräfte zu. Viele Herrscher, unter anderen auch Napoleon, erklärten die Bienen gar zu ihrem Wappentier. Napoleons prächtige Robe und sein Banner sind mit den fleißigen Bienen verziert. Auf mesopotamischen Tontafeln finden wir bereits erste schriftliche Aufzeichnungen über die Heilwirkungen des Honigs. In all diesen Kulturen wurde der Honig stets auch mit Mythen und Legenden in Verbindung gebracht. Honig oder Honigkuchen wurden damals für rituelle und magische Zwecke den Göttern als Geschenk und Opfergabe dargeboten. Die Maya, bei denen Honig ebenfalls heilig war, brachten den Göttern nach der Honigernte zum Dank Mais als Opfer. Die Griechen legten ihren Verstorbenen Honig als Symbol für ewiges Leben ins Grab. Außerdem galt Honig bei ihnen als ausgesprochenes Schönheitsmittel. Die Bienenhaltung galt im antiken Griechenland sodann auch als edler und lohnender Zeitvertreib, der von Armen und Reichen gleichermaßen betrieben wurde. Bei den Römern galt Honig als magische Substanz, welche jene, die sie aßen, mit Poesie und Beredsamkeit beglückte. Sie liebten den süßen Honig sehr und verwendeten ihn entsprechend ausgiebig in ihrer Küche. So war auch unter den Römern die Bienenhaltung im ganzen Reich weit verbreitet.

Honig – Opfergabe und zur Begleichung von Steuerschulden

Honig war in Europa lange heilig. Er wurde unter anderem der Göttin der Fruchtbarkeit, Demeter, geweiht. Plinius empfahl seinen Lesern, täglich Honig zu essen, um sich dadurch ein gesundes und langes Leben zu erhalten. Bei den Juden waren Milch und Honig ein Symbol für das verheißene Land und für allgemeines Wohlergehen. So wurde früher in Israel einem Neugeborenen Honigbutter um den Mund gestrichen, und in Indien ist es noch heute üblich, die Zunge eines Neugeborenen mit Honig zu bestreichen. Bei den Indern darf der göttliche Nektar Honig auch heute beim Hochzeitsritual nicht fehlen; der Braut und dem Bräutigam werden Milch und Honig dargeboten. In den USA nennt man noch heute die Flitterwochen, genauer die ersten vier Wochen nach der Hochzeit, «Honeymoon», also «Honigmond». Dies ist auf einen alten europäischen Brauch zurückzuführen. Einst war es da üblich, dass ein jungvermähltes Paar vier Wochen nach der Hochzeit täglich den berauschenden Honigwein trank. Selbst Steuerschulden konnten einst in Form von Honig und Wachs beglichen werden: Bei den Franken gab es einmal einen König, der die Bienenhaltung bzw. die Produktion von Honig nur zur Bezahlung der Steuern erlaubte.

Heilmittel und Süßstoff – gestern und heute

Das süße Lebenselixier Honig wurde in der überlieferten Naturheilkunde vor allem seiner antiseptischen und antibiotischen Wirkung wegen seit der Antike sehr geschätzt. Im Mittelalter wurde Honig zur Behandlung von Darmproblemen und zur äußerlichen Wundheilung eingesetzt. Honig war gleichzeitig in ganz Europa bis zur Renaissance der wichtigste Süßstoff. Erst als die Einfuhr von Zucker immer mehr zunahm, verlor der heilkräftige und gesündere Bienenhonig zusehends an Bedeutung. Diese Entwicklung hielt bis ins 17. Jahrhundert an. Gleichzeitig stieg aber sein Wert in der Neuen Welt. Die europäischen Siedler, welche im 17. Jahrhundert nach Nordamerika auswanderten, nahmen ihre Bienenvölker mit. Heute sind Nordamerika und Australien weltweit führend in der Honigproduktion und im Export dieser Naturköstlichkeit.

Von den Wildbienen zur heutigen Imkerei

In alten Zeiten war die Honigernte ein gefährliches und mühevolles Unterfangen. Um an den begehrten Süßstoff der Wildbienen zu gelangen, mussten die Menschen oft waghalsige Klettertouren unternehmen. Doch schon gegen Ende des Mittelalters gab es dann`so etwas wie unsere heutigen Imker, die Zeidler. Die Bienenzucht wurde damals gesetzlich geregelt, und so entstand ein eigener Berufsstand. Die Zeidler kümmerten sich um die Honigbienen, indem sie ihnen weitere «Wohnungen», wie beispielsweise ausgehöhlte Baumstämme, als Stöcke bezeichnet, zur Verfügung stellten. Ganz allmählich entwickelte sich so aus der ursprünglichen Wildbienenhaltung die heute bekannte domestizierte Bienenhaltung. Die Biene ist bei uns übrigens das einzige Insekt, das den Status eines Haustiers erlangt hat.

Der Imker vor dem Bienenstand. Lithographie von H. Bodmer um 1870

DIE IMKEREI IN ZAHLEN

Bienenhaus mit Schweizerkasten

In Deutschland gibt es ungefähr 100'000 Imker, die etwa 1,3 Millionen Bienenvölker ihr eigen nennen. In der Schweiz sind es 25'000 Imker mit rund 300'000 Bienenvölkern. Das sind in der Schweiz durchschnittlich 12 Bienenvölker pro Imker. Umgerechnet auf den Quadratkilometer ergibt das sieben Bienenvölker. Ein Bienenvolk erbringt in der Schweiz pro Jahr im langjährigen Mittel bescheidene 9 kg Honig; die jährlichen Erntemengen schwanken je nach Witterung zwischen 0 und 40 kg. Damit kann kein Imker seinen Lebensunterhalt verdienen. Deshalb betreiben die meisten Imker in Deutschland und in der Schweiz die Bienenhaltung als Hobby oder bestenfalls als Nebenerwerb. Denn um von der Imkerei allein leben zu können, müsste ein Imker mindestens 300 bis 350 Bienenvölker haben. Solche vollamtlichen Imkerbetriebe gibt es heute überwiegend noch im südlichen Europa, z. B. in Italien, Frankreich und Spanien. Dort können aufgrund der milderen klimatischen Bedingungen teilweise drei Ernten pro Jahr erfolgen, und der Gesamthonigertrag pro Volk liegt in diesen Ländern bei 120 bis 150 kg. Große Honigproduzenten sind ferner Kanada, Australien und Neuseeland mit ihren riesigen Gebieten unberührter Natur, die den Bienen ideale Trachtbedingungen bieten. Der gesamte Honigertrag in der Schweiz beträgt 3'000 bis 5'000 Tonnen pro Jahr. Jährlich werden zudem ca. 5'500 Tonnen ausländischer Honig importiert, um den Gesamtverbrauch der Schweizer Bevölkerung zu decken. Der Honigverbrauch pro Jahr und Person liegt in Deutschland wie in der Schweiz bei ca. 1,4 kg. Damit sind diese zwei Nationen in Europa führend im Honigverbrauch. In Deutschland werden sogar 80 Prozent des Honigs aus dem Ausland importiert; nur 20 Prozent können durch die inländische Honigernte gedeckt werden. Da Bienen überall auf der Welt nach dem gleichen Prinzip arbeiten, besteht bezüglich der Zusammensetzung eines naturbelassenen Honigs grundsätzlich kein Unterschied zwischen inländischem und importiertem Honig. Entscheidend für die Honigqualität ist das Verfahren der Honiggewinnung.

DAS LEBEN DER BIENEN

Die Honigbiene (Apis mellifera) lebt in hochorganisierten Gemeinschaften von rund 40'000 bis 50'000 Individuen. Jedes Bienenvolk ist ein in sich geschlossener Organismus und leistet für die gesamte Schöpfung unermessliche Dienste. Im Laufe der Evolution haben sich innerhalb der Bienenvölker verschiedene Erscheinungsformen entwickelt.

Jedes Bienenvolk bewohnt einen eigenen Bienenstock. Es besteht im Frühsommer aus einer Königin, 300 bis 1'000 Drohnen (männlichen Bienen) und 30'000 bis 40'000 Arbeiterinnen. Dieser Organismus lebt auf 10 bis 14 kuchenblechgroßen Waben. Ein Bienenschwarm wiegt zwischen 1 bis 3 kg. Im Bienenstock befindet sich permanent ein Honigvorrat von 10 bis 40 kg.

Jede Biene hat ihre Aufgabe zum Wohl des ganzen Volks zu erfüllen. Jedes Volk wird von einer einzigen Biene, der Königin, regiert. Sie ist für die Erhaltung des Volks besorgt, indem sie während der Vegetationszeit täglich 1'000 bis 2'000 befruchtete und unbefruchtete Eier legt. Während einer Saison legt eine Bienenkönigin bis zu 200'000 Eier. Aus den befruchteten Eiern entwickeln sich die Arbeiterinnen, während aus den unbefruchteten die Drohnen entstehen, deren einzige Aufgabe es ist, die Königin zu begatten. Eine Arbeitsbiene lebt in der warmen Jahreszeit an die 35 bis 40 Tage. Sie arbeitet, bis sie vor Erschöpfung stirbt. Im Winter hingegen leben die Arbeiterinnen 6 bis 8 Monate. Die kräftezehrende Arbeit des Eierlegens unterbricht die Königin nur alle 20 bis 30 Minuten; dann bekommt sie von den Arbeitsbienen den wertvollen Futtersaft, auch Gelee Royale genannt. Allein durch dieses besonders hochwertige Futter ist die Bienenkönigin in der Lage, täglich so viele Eier zu legen. Die Königin bekommt ihr ganzes Leben ausschließlich Gelee Royale als Nahrung. Eine Bienenkönigin ist ein Drittel größer als eine Arbeitsbiene, und sie hat eine Lebenserwartung von 4 bis 5 Jahren.

Das Große geschieht so schlicht
wie das Rieseln des Wassers, das Fließen der Luft,
das Wachsen des Getreides.

Legende zu Seiten 26/27: In freier Natur aufgestellte Magazinbeuten

Hochorganisierte Arbeitsteilung im Bienenstock

Bis aus einem Ei eine Arbeitsbiene schlüpft, dauert es 21 Tage, bis ein Drohn schlüpft, vergehen 24 Tage; bis eine Königin schlüpft, dauert es dagegen nur 16 Tage. Diese relativ kurze Entwicklungszeit der Königin ist auf die Fütterung mit Gelee Royale zurückzuführen.

Königin   Arbeiterin   Drohn

Die Arbeitsbienen haben im Bienenstock je nach Alter unterschiedliche Aufgaben zum Wohl des ganzen Volkes zu erfüllen. Bis zum dritten Tag nach dem Schlüpfen sind sie für die Sauberkeit im Stock verantwortlich. Anschließend kümmern sie sich um die Fütterung der Larven. Ab dem 12. bis zum 18. Tag sind sie mit dem Bau der Honigwaben beschäftigt, und gleichzeitig nehmen sie von den Sammelbienen den Nektar entgegen. Diesen bereichern sie mit ihren eigenen Enzymen und lagern ihn in die Waben ein. Bestimmte Arbeiterinnen haben die Aufgabe, den Bienenstock zu verteidigen; sie werden daher auch Wächterbienen genannt. Ab dem 18. Tag bis zu ihrem Lebensende sind die Arbeiterinnen in der Vegetationszeit mit dem eigentlichen Sammeln von Pollen, Nektar, Propolis und Wasser beschäftigt.

Die einzige Aufgabe der Drohnen besteht in der Begattung der Königin. Diese wird auf ihrem Hochzeitsflug von 12 bis 15 Drohnen begattet. Eine Königin kann den männlichen Samen bis an ihr Lebensende speichern, ohne dass dieser an Wirksamkeit verliert. Die biologische Aufgabe der Drohnen, welche die Königin begattet haben, ist erfüllt, und sie sterben. Drohnen können selber kein Futter sammeln, sie werden von den Arbeiterinnen gefüttert. Die Drohnen leben entweder bis zur erfolgten Begattung einer Königin oder bis zu dem Zeitpunkt, wo sie, etwa Ende Juli, in der sogenannten «Drohnenschlacht» aus dem Volk vertrieben oder getötet und aus dem Stock geworfen werden. Nur die weiblichen Bienen sind mit einem Stachel bewaffnet.

Pheromone regeln das Bienenleben

Geregelt wird das komplexe Zusammenleben im Bienenstock durch Pheromone, also Duftstoffe, welche die Königin aussendet. Unter anderem wirken diese sterilisierend auf die Arbeitsbienen. Das Bienenvolk kann nur als hochorganisierte Gemeinschaft existieren. Eine Einzelbiene ist nicht überlebensfähig, die Gemeinschaft hingegen birgt ein immenses Potential. Nur dank der exakten Arbeitsteilung haben die Bienen seit Millionen von Jahren alle Katastrophen, Klimaveränderungen und die bisherige Umweltverschmutzung überlebt. Die Menschen könnten vieles von den Bienen lernen, denn vermutlich ist auch der Mensch auf Dauer nur erfolgreich, wenn er als Individuum seine Arbeit zum Wohl aller einbringt.

VON DER BEDEUTUNG DER BIENEN

Die Bienen besuchen und bestäuben Pflanzen. Sie erbringen dabei für Mensch und Tier eine unschätzbare Leistung. Allein für die kleine Schweiz wird der wirtschaftliche Nutzen, den die Bienen in Form von Honig und Pollen jährlich erbringen, auf 90 Millionen Franken geschätzt. Auf die riesige Summe von 500 Millionen Franken pro Jahr kommt man, wenn man die Bestäubung der Nutz- und Wildpflanzen mit in die Rechnung einbezieht. (Diese Angaben sind den Unterlagen des 1. Schweizer Bienenlehrpfades entnommen).

Ökologisch gesehen, sind die Bienen unerlässlich für die Erhaltung der biologischen Vielfalt und für die Produktion der Nahrung von Mensch und Tier. Aufgrund dieser beachtlichen Leistung der Bienen sind übrigens einige Menschen heute der Ansicht, dass der Honig nur eine untergeordnete Rolle spielt und dass die Bestäubung die viel wichtigere Tätigkeit der Bienen ist. Nur – wer weiß schon, was geschehen würde, wenn der Mensch keinen Honig mehr hätte?

Rudolf Steiner hat bei seinen Ausführungen zum Thema Ernährung die Überzeugung geäußert, dass der Honig dazu beitrage, die Formgestaltung und Formerhaltung des menschlichen Körpers zu gewährleisten. Er betonte weiter, dass das, was für den Säugling die Muttermilch sei, für den heranwachsenden und den älteren Menschen der Honig darstelle. Somit scheinen Mensch und Biene eine enge Schicksalsgemeinschaft zu bilden. Steiner meinte auch, die Bienen müssten bis in spätere Erdzeiten erhalten bleiben, um die Sozialgestaltung der Menschheit zu begleiten. Die Biene ist somit laut der Anthroposophie mehr als eine reine Produzentin von Naturprodukten.

Daher sollten auch in der Imkerei nicht die Erträge allein im Vordergrund stehen. Matthias Thun schreibt in seinem interessanten Buch zum Thema Honigertrag, wenn es dem Menschen gelinge, die Biene so zu pflegen, dass es für sie wohltuend und artgerecht sei, so werde sich die Frage der Rentabilität von selbst beantworten. Wer aber die Bienen durch verschiedene Methoden zur Leistungssteigerung zwinge, der verursache auf Dauer eine erhebliche Schwächung und Krankheitsanfälligkeit, wie sie leider schon heute weit verbreitet sei.

Honig kann man importieren,
die Blütenbestäubung aber nicht.

Gerhard Fasolin, Publizist und Imker

Ausschnitt aus der «Wohnung» eines Bienenvolkes

PROBLEME IN DER BIENENHALTUNG

Varroa-Milbe

Eines der großen Probleme für alle Imker ist die aus Asien eingeschleppte Varroa-Milbe, welche die Bienenvölker stark schwächt. Für unsere europäischen Honigbienen sind diese Milben ein unbekannter Feind, gegen den sie – im Gegensatz zu den asiatischen Bienen – bis heute keine natürliche Abwehr entwickelt haben. Der Imker muss als Heger und Pfleger den Bienen bei der Bekämpfung der Parasiten behilflich sein. Dies kann er auf verschiedene Weise tun. Es gibt chemische Mittel, die die Milbe abtöten. Diese Mittel können sich aber mit der Zeit im Wachs und dadurch auch im Honig ablagern, da sie fett- und wasserlöslich sind. Somit können Rückstände der chemischen Mittel auch im Honig von Imkern gefunden werden, die das Gift nicht selber einsetzen, aber Wachs von konventionellen Imkereien verwenden. Um diese Rückstände zu vermeiden, gehen heute erfreulicherweise immer mehr Imker dazu über, trotz des zeitlichen Mehraufwands einen eigenen geschlossenen Wachskreislauf zu pflegen. Andere wiederum beziehen den Wachs nur von natürlich arbeitenden Imkerbetrieben. Die chemische Bekämpfung der Milbe wird glücklicherweise von immer mehr Imkern ganz abgelehnt und durch natürliche Mittel ersetzt.

Varroa-Bekämpfung in der naturnahen Imkerei

Auch naturnah wirtschaftende Imker müssen die Milbe bekämpfen. Dies geschieht hier mittels natürlicher Säuren wie Ameisensäure, Oxalsäure oder Milchsäure. Versuche werden auch mit ätherischen Ölen von Lavendel, Thymian und Teebaum gemacht. Diese Öle haben den Nachteil, dass sie sich im Laufe der Zeit im Wachs anreichern und in der Folge auch im Honig ablagern. Dies kann zu einer geschmacklichen Beeinträchtigung des Honigs führen, die unerwünscht ist, auch wenn sie keinerlei schädigende Wirkung auf den Honigkonsumenten hat. Eine Imkerin berichtete mir, dass sie ihre Bienen seit zwei Jahren zusätzlich zu den üblichen Methoden mit Fern-Reiki behandle. Ein erster Erfolg sei bereits erkennbar. Vielleicht werden in den nächsten Jahren noch neue Möglichkeiten und Erfahrungen bei der Bekämpfung der Varroa-Milbe bekannt.

«In Zukunft werden wir neue Wege bei der Varroa-Bekämpfung gehen müssen. Die sich häufenden Meldungen von vermehrter Resistenzbildung gegen verschiedene chemische Behandlungsmittel zwingen uns dazu, umzudenken und Alternativlösungen zu suchen und auch zu finden. Allzu viel Zeit können wir uns nicht mehr nehmen.» (Gerhard Fasolin, Publizist und Imker).

Artenverarmung

Eines der Probleme ist nach Meinung einiger Imker die Verarmung im Bereich der Bienenrassen. Früher gab es in jeder Region speziell angepasste Bienenrassen; diese verschwinden gegenwärtig immer mehr. Die heute bei uns stark verbreitete Bienenrasse Carnica wird der besseren Erträge, ihrer ausgesprochenen Friedfertigkeit sowie ihrer Bodenständigkeit wegen von den meisten Imkern bevorzugt. Dieser Denkansatz lässt durchaus Gemeinsamkeiten mit der Züchtung von anderen Hochleistungsnutztieren erkennen.

BIENEN ALS BIOINDIKATOREN

Gemäß den Aussagen des Biologen Christophe Perret-Gentil von der Firma Aries SA sind Bienen neben den Vögeln einer der verlässlichsten Bioindikatoren für den Zustand einer Landschaft. Bienen reagieren sehr empfindlich auf naturwidrige Einflüsse wie etwa den Einsatz von Herbiziden, Fungiziden und Pestiziden. Je vogelfreundlicher eine Landschaft ist, desto bienenfreundlicher ist sie auch. Und bienenfreundliche Landschaften sind immer auch menschenfreundlich. Je schlechter es den Bienen in einem Land oder in einer Region geht, desto schlechter geht es auch den Menschen dort. Bienen haben also eine wichtige Zeigerfunktion.

Ohne die flächendeckende Arbeit der Blütenbestäubung durch die Honigbienen gäbe es keine Kirschen und nur sehr wenige Äpfel.

Je vielfältiger die Vogelwelt einer Landschaft,
desto weniger berührt ist sie von Zivilisationseinflüssen.
Stimmt der Lebensraum für Fauna und Flora,
so stimmt er ebenso für die daraus gewonnenen Erzeugnisse.

Christophe Perret-Gentil, Biologe

VOM NEKTAR ZUM HONIG

Der Honig wird nicht direkt von den Bienen gesammelt, sondern von ihnen erzeugt, und zwar aus Nektar, der von den Blüten der Pflanzen produziert wird. Um ihren kleinen Honigmagen einmal mit Nektar zu füllen, muss eine Biene 1'500 Kleeblüten anfliegen. Bis bescheidene 500 g Honig entstehen können, müssen die Bienen den Nektar von rund 2 Millionen Blüten sammeln. Aus einem Liter Nektar entsteht nach einem komplizierten Fermentationsprozess 300 g reiner Blütenhonig.

Der Prozess der Verarbeitung beginnt bereits beim Sammeln des Blütennektars. Einen kleinen Teil behält die Honigbiene für sich, um ihre Energieverluste zu ersetzen. Der größere Teil der Ernte wird bereits beim Heimflug von der Sammelstelle zum Stock in der Honigblase mit Enzymen, organischen Säuren und weiteren Stoffen angereichert. Die Enzyme, welche aus der Kopfdrüse der Biene stammen, spalten bereits in der Honigblase die im Nektar enthaltene Saccharose in Frucht- und Traubenzucker auf. Dieser Vorgang, auch Invertierung genannt, ist es, der den Honig für uns so leicht verdaulich macht. Im Stock angekommen, überlässt die Sammelbiene ihre Ernte den Kolleginnen, welche den Nektar mit Enzymen vermischen. Dabei wird dem Nektar Wasser entzogen. Frischer Blütennektar enthält rund 70 Prozent Wasser; reifer Honig hat nur noch einen Wassergehalt von ca. 18 Prozent. Der umgewandelte und mit Enzymen angereicherte Nektar wird dann in Form eines Tröpfchens in eine Wabe abgelegt. Der reife Honig wird von den Bienen zwecks Konservierung mit Wachs in den Wabenzellen verschlossen.

Honigernte

Am Wachsdeckel erkennt der Imker, ob der Honig reif ist. Jetzt kann die Honigentnahme erfolgen. Zuerst streift der Imker die Bienen vorsichtig von der Honigwabe ab. Dann wird die Wachsschicht mit einer speziellen Gabel entfernt. Diesen Prozess nennt der Fachmann «Entdeckeln». Jetzt werden die vollen Honigwaben mittels Zentrifugalkraft in einer Honigschleuder vom begehrten Honig entleert. Heute werden praktisch alle hochwertigen Honige in Europa und in Übersee mit dieser Zentrifuge kaltgeschleudert. Dies ist wichtig, damit die wertvollen Inhaltsstoffe nicht zerstört werden. Nach dem Schleudern wird der Honig während drei bis fünf Tagen in geschlossenen Eimern stehen gelassen, damit sich Wachsreste, Polleneinschlüsse und andere Fremdteile auf der Oberfläche absetzen können. Dann wird der Honig noch gesiebt und entweder direkt in Gläser oder in große Metalleimer gefüllt.

Honig erwärmen und rühren?

Wird der Honig erst später in Gläser umgefüllt, muss er zu diesem Zweck leicht erwärmt werden. Auch die Honige, die importiert werden, werden oft für den Transport in großen Gebinden zwischengelagert. Auch in diesen Fällen müssen sie für die Endabfüllung in Gläser durch Erwärmung nochmals flüssig gemacht werden. Zwar dürfen die in die Schweiz importierten Honige laut geltendem Lebensmittelgesetz nicht durch Pasteurisation hitzegeschädigt werden. Die Verdünnung für das Abfüllen geschieht auch bei viel niedrigeren Temperaturen (38 bis 40 Grad). Aber schon die-

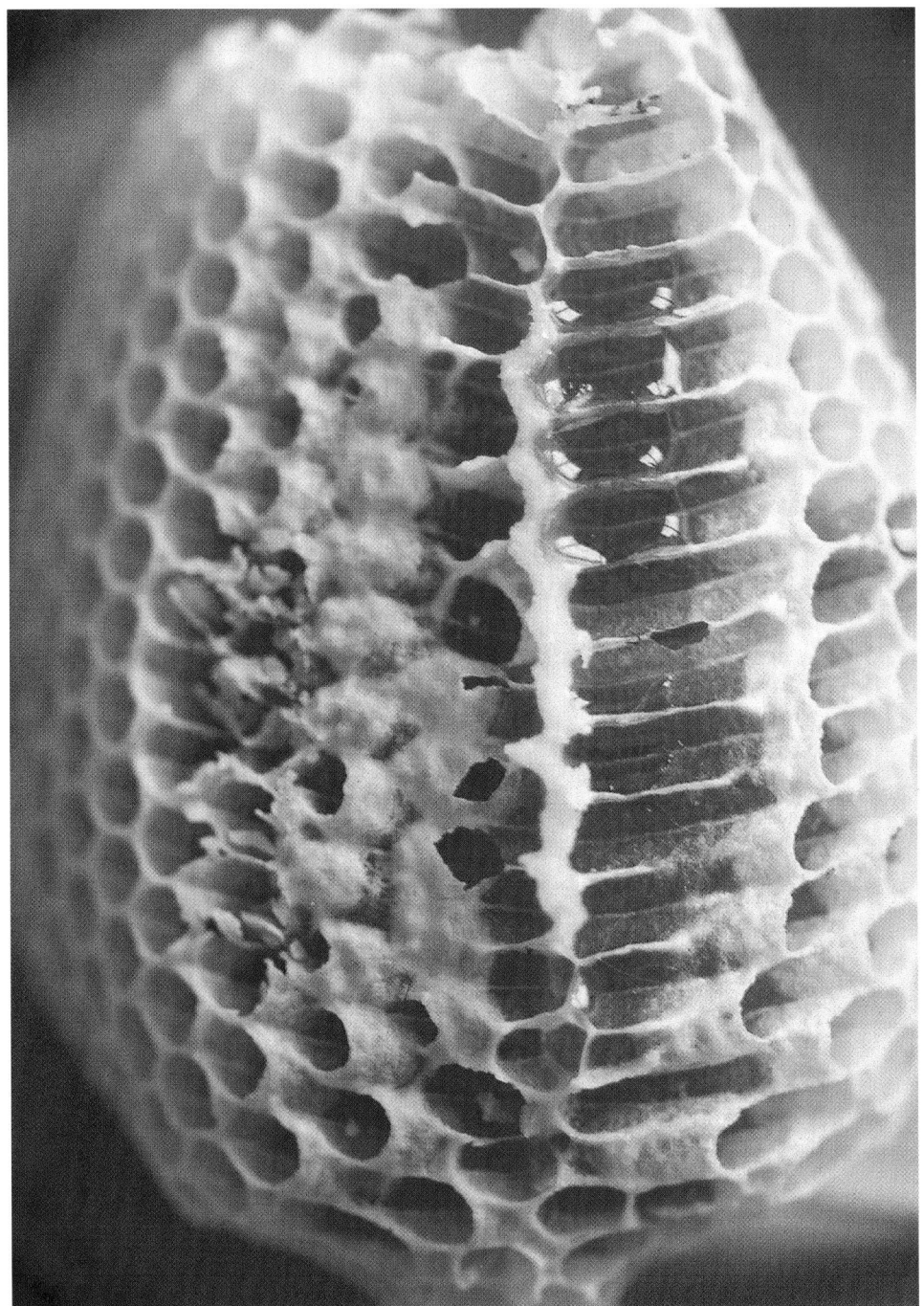

ser Arbeitsgang kann nach dem Dafürhalten einiger Imker bereits zu einem Qualitätsverlust führen.

Eine Diskussion entfacht sich auch immer wieder über die Frage, ob man Blütenhonige vor dem Abfüllen noch eine Weile rühren soll, wodurch der Honig feiner kristallisiert. Einige vertreten die Meinung, dass der Honig seinen Geschmack desto besser entfaltet, je feiner er kristallisiert. Andere Imker hingegen füllen ihren Honig grundsätzlich immer ohne weitere Arbeitsschritte sofort ab. Jede zusätzliche Behandlung des Naturprodukts Honigs sollte ihrer Ansicht nach vermieden werden. Die Honigtauhonige, die man auch als Waldhonig bezeichnet und von denen gleich die Rede sein wird, werden nicht gerührt, weil sie in der Regel ohnehin lange flüssig bleiben.

Honigtau – der Rohstoff für den Waldhonig

Die Imker unterscheiden zwischen den Blütenhonigen, welche aus Nektar entstehen, und den Honigtauhonigen; diese sind auch unter der Bezeichnung Waldhonig im Handel. Für die Honigtauhonige sammeln die Bienen die zuckerhaltigen Ausscheidungen pflanzensaugender Insekten, vor allem von Läusen, welche die eigentlichen Honigtauerzeuger sind. Diese Insekten leben überwiegend auf grünen Pflanzen, am liebsten auf Nadel- und Laubbäumen. Die wichtigsten Wirtspflanzen von Honigtauerzeugern sind bei den Nadelbäumen die Rottanne, die Weißtanne, verschiedene Kiefernarten und die Lärche. Bei den Laubbäumen sind es vor allem die Eiche, die Linde und der Ahorn. Die Bienen sammeln die zuckersüßen Ausscheidungen und verarbeiten diese auf dieselbe Art weiter, wie es beim Blütenhonig der Fall ist. Honigtauhonige sind in der Farbe dunkler als Blütenhonige und im Geschmack kräfti-

ger. Sie haben einen würzigen, malzähnlichen Geschmack und sind außerdem mineralienreicher als Blütenhonige. Auch kristallisieren sie beim Lagern langsamer als die Blütenhonige.

Honig – ein Geschenk der Bienen an den Menschen

Der gewonnene Honig dient in erster Linie dem Bienenvolk als Nahrung. Der Honig liefert den Bienen die energiespendenden Kohlenhydrate. Die übrigen Nährstoffe, wie Eiweiß, Fette, Mineralstoffe und Vitamine, erhalten die Bienen aus dem sehr eiweißhaltigen Blütenpollen. Der Antrieb zum Sammeln von Nektar und Pollen entspringt dem Urinstinkt der Bienen, sich genügend Nahrungsvorräte für den Winter zu sichern. Je nach klimatischen Verhältnissen und dem Nahrungs- bzw. Nektarangebot können von einem starken Bienenvolk in der Schweiz im besten Fall bis zu 40 kg (Jahresdurchschnitt 9 kg), in wärmeren Ländern aber bis zu 150 kg Honig pro Jahr geerntet werden. Je größer der Honigertrag ist, desto mehr kann der Mensch dem Stock entnehmen.

Legende zu Seite 34:
Bienenhonig und Bienenwachs
sind reine Naturprodukte. Frisch erzeugtes
Bienenwachs ist weiß. Durch den
Schmelzvorgang bei der Verarbeitung
alter Waben erhält er wieder die schöne
«bienenwachsgelbe» Färbung.

DIE WINTERFÜTTERUNG DER BIENEN

Jedes Bienenvolk legt im Sommer Honigvorräte für den Winter an. Vorausgesetzt, es sind genügend Blütenpflanzen als Nahrungsquelle vorhanden, erzeugt ein Bienenvolk mehr Honig, als für seinen Eigenbedarf notwendig ist. In Nordeuropa wären die meisten Bienen durch die schlechten Witterungsverhältnisse und den fortschreitenden Rückgang der Naturlandschaften allerdings zum Verhungern verurteilt, würden die Imker keine Winterfütterung vornehmen. Manchmal kann ein Bienenvolk nicht einmal genug Honig produzieren, um sich selbst ausreichend zu ernähren. In unseren Regionen benötigt ein Bienenvolk zum Überwintern zwischen 10 bis 20 kg Nahrung in Form von Honig oder Zuckerwasser. Seit der Jahrhundertwende wird in unseren Breiten den Bienen als Ergänzungsnahrung Zuckerwasser angeboten.

Zuckerfütterung – pro und kontra

Um diesen Ersatz entfachen sich immer wieder Diskussionen. Einige Honigkonsumenten sind dagegen skeptisch eingestellt. Ernährungsbewusste Konsumenten verzichten meist auf den Konsum von raffiniertem Zucker und verwenden in der Küche stattdessen den naturbelassenen Honig. Einige von ihnen sind der (irrtümlichen) Meinung, vom raffinierten Zucker, der den Bienen verfüttert werde, könne etwas in den Honig gelangen. Folglich fordern einige von ihnen die Imker auf, auf die Zuckerfütterung zu verzichten bzw. stattdessen Honig oder Rohzucker zu füttern. Hier ist sachliche Aufklärung notwendig.

Die Fütterung mit Rohzucker als Winterfutter ist nicht möglich, da die Bienen die Reste der darin enthaltenen Melasse nicht herausfiltern können. Die Bienen müssten vielmehr im Winter ihren Kot in den Bienenstock entleeren, was zu Krankheiten (wie etwa Ruhr) und gar zum Tod der Bienen führen könnte. Auch eignen sich nicht alle Honige für die Winterfütterung. Ungeeignet ist zum Beispiel der Honigtauhonig, so dass Imker, die ausschließlich Waldhonig gewinnen, auf eine Zuckerwasserfütterung unter keinen Umständen verzichten können. Honigtau, der Ausgangsstoff für die Herstellung von Waldhonig, ist aber gerade oft im Frühsommer wegen des sonst eher mangelnden Blütenangebots die einzige Honigquelle für die Bienen. Ebenfalls schlecht geeignet für die Winterfütterung ist reiner Rapshonig.

Ferner ernähren sich die Bienen nicht nur von Honig. Vielmehr besteht ihre Nahrung aus den eiweiß- und mineralstoffreichen Pollen, Wasser und Honig. Bienen können den Zucker nur zusammen mit dem mineralstoffreichen Pollen ohne nachteilige Wirkung assimilieren. Der Honig bzw. das Zuckerwasser liefert den Bienen in diesem Fall «nur» die Kohlenhydrate, welche sie für die Energiegewinnung benötigen.

Zeitpunkt der Zusatzfütterung

Zur Beruhigung von verunsicherten Honigliebhabern sei noch erwähnt, dass eine Zuckerfütterung nur im Spätsommer erfolgt. Im Frühling wird nur in seltenen Ausnahmefällen Zuckerwasser gefüttert (z. B. bei über längere Zeit kalter Witterung). Nach einer solchen Fütterung muss der Imker mindestens drei Wochen warten, bis er zusätzliche Waben für das Einlagern von Honig in den Bienenstock hängt. So wird vermieden, dass Honig aus Zuckerwasser entsteht. Jeder verantwortungsbewusste Imker wird seinen Bienen übrigens immer erst dann zusätzliche Waben zur Honigproduktion in den Stock geben, wenn bereits Honig für den eigenen Vorrat eingebracht ist und das Volk auch sonst kräftig genug ist. Bei diesen Imkern stehen die Freude an der eigenen Arbeit und die Gesundheit ihrer Bienen stets im Vordergrund.

Somit kann je nach Ertrag mehr oder weniger Honig für die menschliche Ernährung geerntet werden.

DER HONIGPREIS

Der Honigpreis hängt vom Honigertrag ab. Je größer die Erntemengen sind, desto preisgünstiger kann Honig angeboten werden. Aufgrund der eher geringen Erträge in den nördlichen Gebieten Europas ist hiesiger Honig teurer als Honig aus den wärmeren südlichen Gegenden. Inländische Imker in der Schweiz und in Deutschland können in der Regel mit dem Verkauf ihres Honigs nur einen Teil der tatsächlich anfallenden Unkosten decken. Bedenkt man, welche wichtige ökologische Funktion die Imker in jedem Land erfüllen, ist Honig eigentlich nie zu teuer.

Was braucht es für ein Kilogramm Honig?

Ein Sammelflug einer Honigbiene bringt

40 mg Nektar

10 mg Honig

die Befruchtung von 20 bis 200 Blüten (beim Klee bis 1'500)

ein Zehntel Bienen-Tageswerk

Für ein Kilogramm Honig braucht es

4 kg Nektar

100'000 Sammelflüge

2 bis 20 Millionen Blüten

10'000 Bienen-Tageswerke

Quelle: Gerhard Fasolin, Publizist und Imker

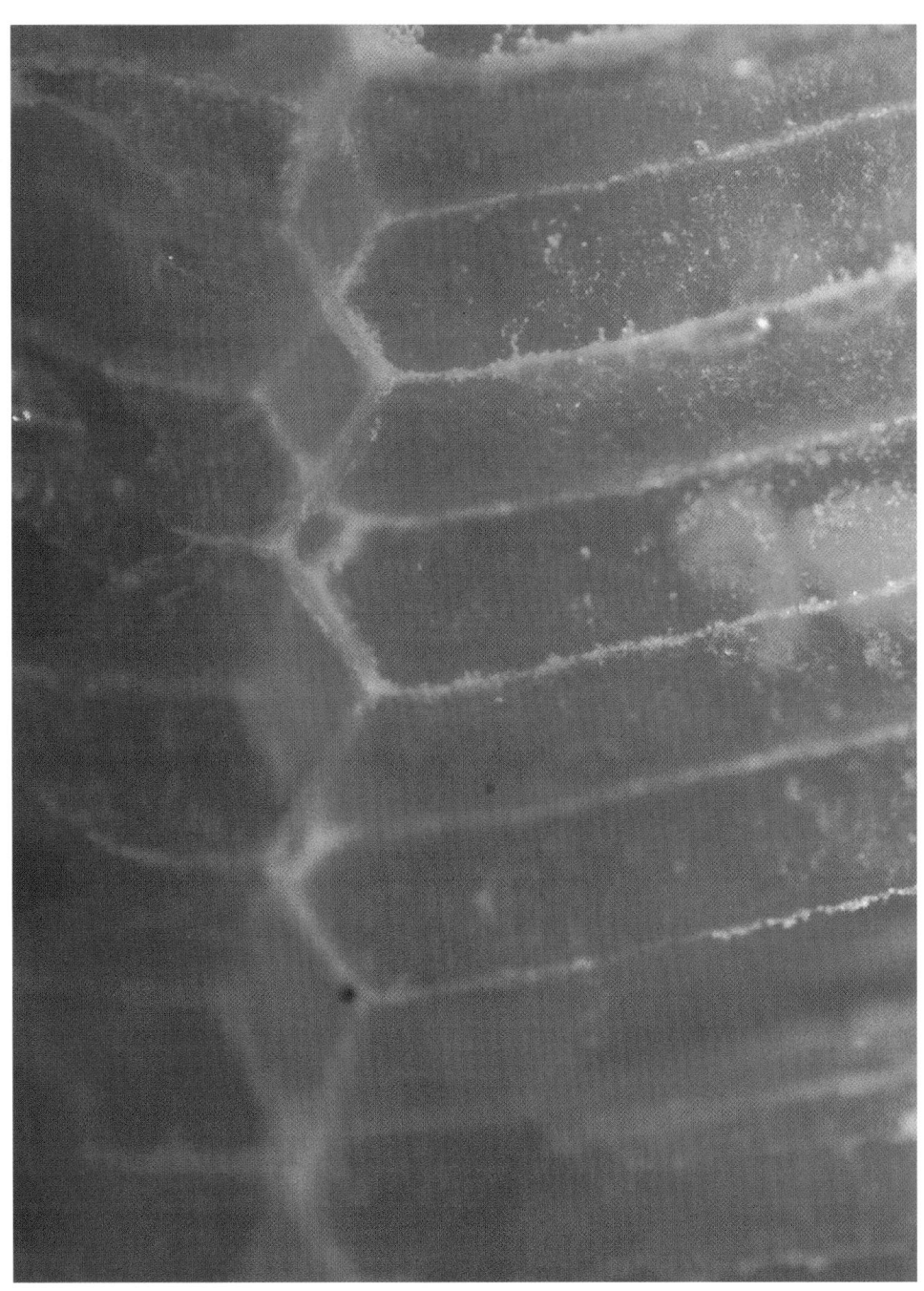

Querschnitt einer gefüllten Honigwabe

LAGERUNG UND HALTBARKEIT VON HONIG

Um die hohe Qualität von naturbelassenem Honig möglichst lange zu bewahren, ist eine richtige Lagerung wichtig. Honig ist im Gegensatz zu fast allen anderen Nahrungsmitteln bei entsprechender Lagerung über Jahre hinweg ohne Qualitätseinbußen lagerbar. Daher erübrigt sich beim Honig auch ein Haltbarkeitsdatum. Weil die meisten Konsumenten ihren Honig wahrscheinlich nur in kleinen Mengen und dafür stets frisch kaufen, sei nur auf die richtige Aufbewahrung im Haushalt hingewiesen.

Der Honig soll im Idealfall in ungeheizten Räumen, beispielsweise im Keller oder in der Vorratskammer, bei einer gleichmäßigen Temperatur zwischen 12 bis 16 Grad gelagert werden. Die hitzeempfindlichen Bestandteile werden allerdings erst bei Temperaturen über 40 Grad zerstört. Honig kann mit anderen Worten also bei Zimmertemperatur ohne große Qualitätseinbußen aufbewahrt werden. Vermieden werden sollte die direkte Bestrahlung mit Sonnen- oder Neonlicht. Auch im Bienenstock lagert der Honig im Dunkeln.

Honig ist als hochkonzentrierte Invertzuckerlösung wasseranziehend. Bei einer relativen Luftfeuchtigkeit von 60 Prozent zieht Honig Feuchtigkeit und Fremdgerüche an. Es versteht sich also von selbst, dass man Honig nur gut verschlossen lagern soll.

Sollte ein Honig zu lange offen aufbewahrt werden, kann er zu gären beginnen. Solcher Honig kann noch zum Backen verwendet werden. Prinzipiell gilt, dass der Honig desto länger haltbar ist, je kühler er gelagert wird. Das beste Verpackungsmaterial für Honig ist Glas. Honig kann man auch bei –18 Grad tiefkühlen. Dabei bleiben alle Inhaltsstoffe, auch die empfindlichen Vitamine und Enzyme, optimal erhalten.

Kristallisation – ein Qualitätszeichen

Honig ist ein Naturprodukt, daher kann er sich während der Lagerzeit verändern. Das Kristallisieren des Honigs ist ein völlig natürlicher Prozess, der bei jeder Honigsorte früher oder später eintritt. Die Tendenz zur Kristallisation ist u. a. abhängig von den Vegetationsbedingungen auf den Bienenweiden, dem unterschiedlichen Verhältnis von Trauben- und Fruchtzucker, dem Wassergehalt und der Lagertemperatur. Je tiefer die Lagertemperatur, desto geringer ist die Kristallisationsneigung. Helle Honige mit einem hohen Traubenzuckeranteil kandieren schneller als dunkle Honige, in denen der Fruchtzuckeranteil überwiegt (eine Ausnahme ist der Akazienhonig). Die Kristallisation kann sich über Wochen oder Monate erstrecken.

Einmal kristallisierter Honig kann im Wasserbad bei einer Temperatur von 38 bis max. 40 Grad wieder flüssig gemacht werden. Ist die Temperatur höher, werden die hitzeempfindlichen wertvollen Inhaltsstoffe des Honigs zerstört.

Die Kristallisation eines Honigs ist laut Christophe Perret-Gentil von der Aries SA ein Echtheitsbeweis für einen reinen, reifen Bienenhonig, der weder pasteurisiert noch erwärmt wurde und der auch nicht mit feinkristallisierendem oder lange flüssig bleibendem Honig vermischt worden ist.

HONIGPRODUKTION UND ÖKOLOGIE

Die Imker in der südlichen Hemisphäre haben es in gewisser Hinsicht einfacher. Sie haben, wie bereits erwähnt, in der Regel einen höheren Honigertrag. Daher können sie auf die Zuckerfütterung meistens verzichten. Solche Honige werden heute vorwiegend im Naturkost- und Reformhandel verkauft. Wird zusätzlich bei der Bienenhaltung auf eine chemische Bekämpfung der Varroa-Milbe verzichtet und befinden sich die Nektarsammelgebiete fernab von Intensivlandwirtschaft und Industrie, werden solche Honige immer häufiger mit dem Zusatz «Honig aus ökologischer Produktion» angeboten.

In den für Deutschland seit kurzem geltenden Bioland-, Naturland- und Demeter-Richtlinien zur Honigproduktion in Europa heißt es dazu folgendes: «Zur Sicherstellung einer flächendeckenden Bestäubung ist aus ökologischer Sicht und in Verantwortung für das Ganze der Natur eine flächendeckende Haltung der Honigbienen wünschenswert. In einem dicht besiedelten, hoch industrialisierten Land Mitteleuropas ist es für den Imker nur in Ausnahmefällen möglich, seine Bienen ausschließlich in naturbelassenen oder ökologisch bewirtschafteten Flächen weiden zu lassen.» Geregelt würden daher Maßnahmen des Imkers, nicht Eigenschaften der Bienenweide.

In anderen Regionen der Welt, wie etwa in den Naturlandschaften Neuseelands, Mexikos oder Südamerikas, sind die Verhältnisse jedoch anders. Hier ist in den Richtlinien für die ökologische Imkerei klar definiert, dass im Flugradius der Bienen keine landwirtschaftlichen Intensivkulturen liegen dürfen.

Keine Biohonige aus der Schweiz …

Diese Ausführungen machen deutlich, dass es in der Schweiz aufgrund der noch immer intensiven Landwirtschaft auch in Zukunft keinen ausgesprochenen Bio-Honig geben wird, obwohl auch hier immer mehr Imker ihre Bienen naturgemäß halten. Aufgrund der bei uns üblichen bioklimatischen Faktoren können sie auch nicht gänzlich auf die Zuckerfütterung verzichten.

Je intensiver die landwirtschaftliche Nutzung eines Landes bzw. einer Region ist, desto schwieriger ist es für den Imker, einen guten Ertrag zu erwirtschaften, da es zu wenig Bienenweiden gibt. Da aber jeder Imker an seinem Ort eine wichtige ökologische Funktion für die ganze Gemeinschaft erbringt, sollte jeder Konsument ihm dafür auch mit dem Kauf seines Honigs danken. Eine wichtige Erleichterung für die Imker und ihre fleissigen Bienenvölker wäre natürlich eine flächendeckende Umstellung der heutigen Intensivlandwirtschaft auf eine naturnahe, biologische Landwirtschaft. Unser rauhes und kühleres Klima ließe sich dadurch aber auch nicht ändern; die Zuckerfütterung bliebe weiterhin nötig.

Blütenkräfte sollen die Bienen stärken

Immer mehr Imker gehen heute aufgrund eigener positiver Erfahrungen oder auch aufgrund von Empfehlungen seitens anderer Imker dazu über, die Zuckerlösungen mit Blütenkräften anzureichern, indem sie ihnen Kräutertee zusetzen. Auf diese Weise wird die Gesundheit der Bienen positiv beeinflusst. Geeignet dafür sind vor allem Schafgarbe, Kamille, Löwenzahn und Baldrian. Angaben dazu finden sich im Buch «Die Biene – Haltung und Pflege» von Matthias Thun. Was die Krankheitsanfälligkeit der Biene betrifft, spielen verschiedene Faktoren eine wichtige Rolle.

Rudolf Steiner hat zum Thema Pollen einen interessanten Aspekt erwähnt. Er schrieb bereits vor 60 Jahren, es werde Jahre geben, in denen aus Witterungsgründen die Bienen nicht die Blütenpflanzen befliegen können, um den Pollen und den Nektar einzutragen, welche sie zu dieser Zeit benötigen. Fehlt den Bienen in einem bestimmten Zeitraum der entsprechende Pollen, führt das zu einer allgemeinen Schwächung; die Bienen müssen sich dann mit dem weniger geeigneten Pollen versorgen. Steiner hat daher empfohlen, möglichst nahe beim Bienenstock die Pflanzen anzubauen, welche den Bienen zur richtigen Zeit die richtige Nahrung spenden.

Im Zweifelsfall: einen Imker fragen

Allen Honigliebhabern und kritischen Verbrauchern kann ich aufgrund meiner eigenen positiven Erfahrungen an dieser Stelle nur empfehlen, einen Imker in seinem Bienenhaus zu besuchen (vergessen Sie bitte nicht, sich vorher anzumelden) und sich die komplexen Zusammenhänge an Ort und Stelle erklären zu lassen. Ich habe dank der klaren Ausführungen von Gerhard Fasolin bei der Besichtigung des 1. Schweizer Bienenlehrpfades und seines Apiariums viel über Bienen und Honig erfahren.

Wer seinen Honig direkt beim Imker kauft, kann auch alle anderen unklaren Fragen besprechen, was das Vertrauen in das Naturprodukt Honig stärkt.

Die Biene auf einem Weidekätzchen

*Mach dir nichts vor.
Du wolltest Irrtümer der Natur verbessern.
In der Natur ist kein Irrtum,
sondern der Irrtum ist in dir.*

Leonardo da Vinci.

41

Honigbiene an einer Borretschblüte

HONIG ALS SÜSSMITTEL – MEHR ALS ZUCKER

Der Honig ist, wie bereits erwähnt, wegen seiner einmaligen Zusammensetzung Nahrungsmittel und Heilmittel in einem. Entscheidend beim Honig ist die Vielfalt der einzelnen Wirkstoffe und damit das Zusammenwirken der Einzelkomponenten zu einer komplexen Wirkstruktur. Gerade aus der Homöopathie kennt man den Grundsatz, dass die Wirkung desto intensiver sein kann, je geringer die Wirkstoffkonzentration ist. Dies dürfte auch auf den Honig zutreffen. Daher kann der Vergleich von Honig und Zucker niemals richtig sein, obwohl er immer wieder gemacht wird. Allein schon hinsichtlich seiner einmaligen Art der Herstellung durch die Bienen ist und bleibt Honig eine absolute Besonderheit.

Zucker – ein Mineralstoffräuber

Es ist hinlänglich bekannt, dass der in unserer Gesellschaft übliche Zuckerkonsum die Gesundheit langsam, aber sicher untergräbt. Zucker ist in der westlichen Ernährung in Größenordnungen bis zu 120 g pro Tag und Person und damit in viel zu großen Mengen enthalten. Der Zucker entzieht dem Körper bei seinem Abbau wichtige Mineralstoffe, vor allem Kalzium, Magnesium und das Nervenvitamin B_1. Er ist damit der größte «Vitalstoffräuber» in der heutigen Ernährung. Zucker stört das gesunde Stoffwechselgeschehen. Damit begünstigt er bereits bei Kindern die Entstehung von Osteoporose: Neuere Untersuchungen haben ergeben, dass immer mehr Kinder wegen Knochenschwund behandelt werden müssen. Als Ursache werden erhebliche Ernährungsmängel vermutet, namentlich ein Zuviel an Phosphat und ein Mangel an Kalzium. Dies ist wohl vor allem eine Folge des bei den Kindern so beliebten Coca-Cola- und Limonaden-Genusses. Dem Vernehmen nach sei das jüngste Osteoporose-Opfer gerade knapp elf Jahre alt; es habe sich ausschließlich von Cola-Getränken und Süßigkeiten ernährt.

Honig – ein Vitalstoffspender

Ganz anders der Honig: Er liefert dem Organismus wertvolle, leicht verdauliche Zuckerarten und wertvolle Vitalstoffe. Wird Honig in vernünftigen Mengen in der täglichen Ernährung verwendet, bestehen gegen diese Form des Süßigkeitskonsums keine Einwände. Honig sollte in einer gesunden, vollwertigen Ernährung anstelle des weißen Zuckers zum Süßen verwendet werden. Am wertvollsten ist es natürlich, den Honig nach dem Kochen in unerhitzter Form den Speisen zuzufügen. Wird Honig erhitzt, beispielsweise beim Backen, so werden zwar die wertvollen wärmeempfindlichen Enzyme zerstört; erhalten bleiben aber immerhin die Mineralstoffe, Spurenelemente und zum Teil auch die hitzebeständigen Vitamine. Somit ist auch erhitzter Honig in jedem Fall besser als raffinierter weißer Zucker. Und wer Honig statt Zucker zum Süßen verwendet, wird aufgrund der natürlichen Zusammensetzung des Honigs nie zuviel davon verwenden.

Honig macht im übrigen auch nicht süchtig. Honiggenuss führt automatisch zu einer natürlichen Sättigung des Süßebedürfnisses. Zucker hingegen macht süchtig; der Körper verlangt immer mehr davon. Somit kann bereits bei Kindern eine gewisse Abhängigkeit von Zucker entstehen.

Das Ganze ist mehr als die Summe der Teile

So setzt sich der Honig zusammen
(Durchschnittsangaben):

38% Fruchtzucker

32% Traubenzucker

10% Mehrfachzucker

18 % Wasser

2% Beistoffe (Mineralstoffe, Vitamine, Spurenelemente, Fermente, Farbstoffe, Aromastoffe usw.)

Honig – mehr als die Summe seiner Bestandteile

Honig gilt seit jeher als ausgesprochen gesund. Er ist ein vollwertiges, natürliches Lebensmittel. Er hat noch lange nicht alle seine Geheimnisse preisgegeben.

Honig ist ein sehr komplexes Gemisch von rund 120 bekannten wichtigen biologischen Wirk- und Nährstoffen. Dabei ist die Wirkung der Mischung mehr als die Summe der Wirkungen der Einzelbestandteile. Schon im Altertum war man sich der Heilwirkungen des Honigs bewusst und wandte ihn entsprechend an. Die Hauptbestandteile des Honigs sind zu rund 75 Prozent Kohlenhydrate, die in ihm als leicht resorbierbare Trauben- und Fruchtzucker vorkommen. Diese Einfachzucker werden bei gutem Einspeicheln der Nahrung bereits über die Mundschleimhaut direkt ins Blut aufgenommen, ohne die menschliche Verdauung zu beanspruchen. Der Traubenzucker im Honig wird außerdem sofort zu körpereigenem Glykogen, dem Reservekohlenhydrat, umgewandelt und in der Leber gespeichert. Somit ist Honig ein schneller Energiespender. Der Honiggenuss fördert den gesamten Stoffwechsel. Honig enthält alle Stoffe, die für einen rei-

bungslosen Stoffwechsel nötig sind; aus diesem Grund belastet er – im Gegensatz zu weißem Zucker – unseren Organismus nie. Vielmehr erleichtern die im Honig vorhandenen Fermente sogar die Resorption der anderen Nahrungsbestandteile.

Honig ist gut für das Herz

Die ätherischen Öle und die harzigen Stoffe im Honig haben eine stimulierende Wirkung auf das Nervensystem und den Kreislauf. Darum wird Honig in der Volksmedizin auch als Balsam für die Nerven bezeichnet. Gleichzeitig ist Honig ein gutes Herztonikum. Honig hat, so weiß man, eine ganz spezielle Wirkung auf die Herz-Kreislauf-Tätigkeit. Bei regelmäßigem Genuss von Honig konnte eine bessere Versorgung des Herzmuskels nachgewiesen werden. Die Herzleistung wird durch den Honigkonsum gesteigert.

Honig steigert die körperliche Widerstandskraft

Man kann sagen, dass regelmäßiger Honigkonsum die gesamte Widerstandsfähigkeit des Körpers steigert. Dafür soll regelmäßig Honig genossen werden. Bei bereits bestehenden Erkältungen kann heißes Wasser (max. 40 Grad) mit Ingwer, Honig und Zitrone oft Wunder wirken. Da Honig als reines Naturprodukt fast alles enthält, was der Körper zum Leben braucht, gibt es übrigens keinen Grund, nicht täglich in irgendeiner Form diesen süßesten Stoff der Natur zu genießen (Diabetiker sind natürlich ausgenommen). Honig ist aufgrund seiner einmaligen Zusammensetzung ein hervorragendes natürliches Kräftigungs- und Stärkungsmittel für Schwangere, Stillende, Kinder, Senioren, Schwache und Kranke. Einzig in der Säuglingsernährung sollte Honig noch nicht in größeren Mengen verwendet werden, da seine Zusammensetzung mit derjenigen der Muttermilch nicht vergleichbar ist. Honig wirkt daher bei Kleinkindern als mildes Abführmittel.

Honig – das letzte Naturgeheimnis?

Obwohl man viele der Inhaltsstoffe im Bienenhonig inzwischen mit modernsten Methoden messen und analysieren kann, bleibt der Honig eines der letzten Naturgeheimnisse und eines der letzten Naturprodukte in einer ständig sich verändernden Umwelt.

Honig wirkt blutbildend

Honig fördert auch die Blutbildung, was auf seinen Gehalt an Eisen, Mangan und Kobalt zurückzuführen ist. Im übrigen hat jeder Honig die spezifischen Nähr- und Heileigenschaften der Pflanzen, von denen er stammt.

Der Bauplan der Bienenwaben ermöglicht größte Raumausnützung und Festigkeit bei kleinstem Materialverbrauch. Die Waben bestehen beidseitig aus sechseckigen Zellen, welche um 13 Grad nach oben geneigt sind, wodurch das Auslaufen des Zellinhaltes vermieden wird.

HONIG ALS HEILMITTEL –
DER THERAPEUTISCHE NUTZEN

Honig ist im Sinn von Hippokrates ganz klar ein Heilmittel. Honig gab es früher nur am Sonntag als kleine Gaumenfreude. Er ist zu kostbar, um täglich in großen Mengen konsumiert zu werden. Der gesamte Honigertrag aller Bienen dieser Erde würde niemals ausreichen, den heutigen Verbrauch an raffiniertem Zucker zu ersetzen. Dies wäre vom gesundheitlichen Standpunkt auch nicht wünschenswert.

Apitherapie

Honig kann man also nicht nur als Nahrungs- und Genussmittel einsetzen; auch zu Heilzwecken wird er seit der Antike sehr geschätzt. Es gibt sogar einen eigenen Bereich der Heilkunde, die Apitherapie. Dieser Zweig der Naturheilkunde beschäftigt sich ausschließlich mit der Heilwirkung von Produkten des Bienenvolks.

Wird Honig äußerlich angewandt, fördert er unter anderem die Wundheilung. Er verhindert zudem das Wachstum von pathogenen Bakterien und Pilzen.

Bei den alten Ägyptern war Honig das, was für die heutigen Menschen das Aspirin ist: das beliebteste Heilmittel. In einer alten medizinischen Schrift, die an die neunhundert Rezepte enthält, wird allein der Honig fünfhundert Mal erwähnt. In Kriegszeiten verwendeten die alten Griechen, Römer und und Ägypter den Honig als Balsam für Wunden. Hippokrates empfahl zur Behandlung von Fieber einen Trank aus Honig, gemischt mit Wasser und anderen medizinischen Substanzen. Auch moderne Wissenschaftler haben beobachten können, wie sich

Bakterien vor ihren Augen auflösten, sobald sie mit Honig in Berührung kamen. Noch heute wird von Ärzten vor allem in Entwicklungsländern Honig zur Wundheilung verwendet. Die vielseitige Heilwirkung des Honigs basiert auf den verschiedensten wichtigen Inhaltsstoffen.

Honig wird als Heilmittel unter anderem bei folgenden Beschwerden und zu folgenden Zwecken mit Erfolg angewandt:

- zum Abtöten von Bakterien
- zur Beruhigung der Nerven und als Hilfe beim Einschlafen
- für die Wundheilung bei äußeren Verletzungen
- bei entzündlichen Magen- und Darmerkrankungen
- bei Bronchialerkrankungen
- bei Durchfall

Weiter kann Honig als Zusatz zu Bädern, für Waschungen und für Einreibungen und Kompressen verwendet werden. Auf alle Heilwirkungen des Honigs näher einzugehen würde aber den Rahmen dieses Buches sprengen. Wer mehr darüber wissen möchte, findet Hinweise auf weiterführende Literatur im Anhang.

HONIGSORTEN – SPEZIALITÄTEN UND AUSGEWÄHLTE RARITÄTEN

In der nachfolgenden Aufstellung soll ein bescheidener Versuch unternommen werden, aus dem riesigen Honigangebot einige Sorten etwas näher zu beschreiben. Selbstverständlich kann die Aufzählung niemals vollständig sein. Denn weltweit gibt es über 100 verschiedene Honigsorten!

Prinzipiell unterscheidet man zwischen Sorten- oder Blütenhonigen einerseits und Landschaftshonigen andererseits.

Unter Blüten- oder Sortenhonigen versteht man Honige, bei welchen der Nektar zu rund 90 Prozent von derselben Trachtpflanze gesammelt wurde. Solche Honige können nur in Gegenden geerntet werden, wo auf großen Flächen eine Pflanzengattung überwiegt. Da sich die Bienen bei der Suche nach Nektar auf eine Pflanzenart festlegen, befliegen sie diese, solange sie blüht. Dies ist eine wichtige Erkenntnis für die Gewinnung von Sortenhonigen. Typische Sortenhonige sind etwa der Akazienhonig, der Kastanienhonig, der Alpenrosenhonig, der Löwenzahnhonig, der Lavendelhonig, der Thymianhonig, der Kleehonig, der Sonnenblumenhonig, der Salbeihonig, der Rosenblütenhonig und andere mehr. Reine Sortenhonige werden in Frankreich unter der Bezeichnung «Miel cru» gehandelt.

Honige, welche die Bienen aus Nektar von verschiedenen Pflanzen einer Region herstellen, nennt man Landschaftshonige. Wenn sie aus dem Gebirge stammen, bezeichnet man sie als Bergblütenhonig, je nach Gegend auch einfach als Wiesen- oder Sommerblütenhonig.

Blüten- oder Sortenhonig

Akazienhonig

Die Akazie blüht gegen Ende Mai bis Anfang Juni. Akazienblütenhonig ist hell und klar und hat ein ausgesprochen mildes Aroma. Er ist nahezu geschmacksneutral und sehr süß. Dadurch ist er zum Süßen von Speisen bestens geeignet. Weil er auch über lange Zeit flüssig bleibt, ist er besonders leicht zu dosieren und vermischt sich sehr gut mit Getränken, Quark, Joghurt und Cremen. Ich bevorzuge diesen Honig zum geschmacksneutralen Süßen. Akazienblütenhonig kommt aus verschiedenen Regionen Europas. Häufig stammt er aus Frankreich, Ungarn oder Italien. Es gibt ihn aber auch in der Schweiz und Deutschland.

Alpenrosenhonig

Alpenrosenhonig stammt aus der rauhen Bergwelt. Die Alpenrose gedeiht in Bergregionen bis auf 2000 m Höhe. Alpenrosen blühen im Juli. In den Bergen leben die Bienen in teilweise von Menschen fast unberührten Landstrichen. Es bedarf der Hartnäckigkeit des Menschen, um Bienenkästen und Bienen auf diese Höhe zu schaffen. Etwas von dem rauhen Hochgebirgsklima fangen die Bienen in ihrem Nektar für uns ein. Diese Energien stecken dann auch im Alpenrosenhonig. Somit kann durch den Genuss von Alpenrosenhonig etwas vom Ursprünglichen der Berge zu jedem Menschen kommen. Alpenrosenhonig ist ziemlich hell, mild und fein im Geschmack. Er bleibt relativ lange flüssig, bevor er kristallisiert. Er ist ein gutes Süßmittel und natürlich ein hervorragendes Stärkungs- und Kräftigungsmittel. Die Herkunft ist unterschiedlich. Französischer Alpenrosenhonig aus kontrolliert ökologischer Erzeugung stammt aus den Pyrenäen und wird in Bioläden und Reformhäusern angeboten.

Himbeerblütenhonig

Ebenfalls aus den Bergen Frankreichs, nämlich aus der Wildnis der Ardèche und aus den Pyrenäen, kommt dieser mildfruchtige, goldgelbe Honig. Reiner Himbeerblütenhonig ist eine Seltenheit; in der Schweiz wird er zum Beispiel von der Firma Aries SA über Bioläden und Reformhäuser vertrieben.

Kastanienhonig

Die männlichen Blüten der Edelkastanie, die je nach Region auch Brot- oder Überlebensbaum genannt wird, geben im Juni große Mengen an Nektar und Pollen ab. Der Kastanienbaum ist ein Baum voller Geheimnisse, wie ein Panzerschrank. Diesen Vergleich macht der französische Imker Philippe Lecompte. Da der Kastanienbaum ein Freund des Menschen ist, ist er auch ein Freund der Bienen. Kastanienbäume dienen den Menschen in vielerlei Hinsicht. Ihr Holz ist sehr witterungsbeständig und dient vor allem für den Bau von Weinfässern und Fensterrahmen. Die Bäume schützen die steilen Berghänge im Tessin, den Cevennen und auch in der Ardèche vor Erosion. Die Blüten dienen der Honigerzeugung, und im Herbst schenkt der Baum den Menschen und Tieren eine sehr gesunde Nahrung in Form von Kastanien. Dank dem Kastanienbaum können die Menschen auch in diesen abgelegenen Tälern ihren Lebensunterhalt verdienen. Reiner Kastanienhonig hat einen kräftig – herben, leicht bittersüßen Geschmack, der an den Duft der blühenden Bäume erinnert. Der Honig ist hell- bis mittelbraun, manchmal mit einer leichten Rottönung. Kastanienblütenhonig bleibt lange flüssig. Wegen seinem sehr kräftigen

Geschmack ist er als Süßmittel weniger geeignet. Er schmeckt sehr gut auf kräftigem Vollkornbrot oder zu Käse, Früchten und Nüssen. Philippe Lecompte beschreibt den Kastanienhonig wie folgt: «Dieser Honig ist einzigartig. Herb, schwer, dunkel und warm zugleich. Flüssiges Holz, dicht wie Palisander.»

Lavendelhonig

Der Lavendelblütenhonig wird in Frankreich, Italien und Spanien in der Regel im August geerntet. Er ist von hellgelber bis goldgelber Farbe und einer geschmeidigen Konsistenz. Sein Geschmack wird als «feinsüß, blumig, fröhlich» beschrieben. Lavendelhonig ist sehr zart in Geruch und Geschmack. Er erinnert an die sonnendurchfluteten Lavendelfelder der Provence; in ihm ist die ganze Seele der Provence eingefangen. Der beste Lavendelhonig stammt von wildem Berglavendel und nicht von den für die Essenzherstellung kultivierten Feldern. Lavendel zählt seit je zu den heilkräftigsten und wertvollsten Heilkräutern. Entsprechend wertvoll ist auch der Lavendelhonig. Er ist sehr gut geeignet zur äußerlichen Behandlung von Wunden, da die Lavendelpflanze eine besonders desinfizierende Wirkung hat.

Lindenblütenhonig

Die Lindenbäume blühen um Johanni, d. h. um den 21. Juni herum, kurz vor dem Lavendel. Berglindenhonig stammt von Lindenbäumen, die auf Höhen zwischen 800 und 1300 m ü. M. zum Beispiel in der französischen Ardèche oder in der Champagne wachsen.

Lindenhonig hat einen herrlichen, leicht minzenartigen Duft. Er ist nach der Ernte klar und flüssig und von gelbgrünlicher Farbe. Er kristallisiert einige Monate nach der Ernte grob-körnig-weißlich aus. Er ist gut geeignet als Süßmittel und als Brotaufstrich.

Rosmarinhonig

Der Rosmarin, diese bezaubernde Gewürzpflanze aus dem Mittelmeergebiet, blüht immer an den Trieben des Vorjahres, dies aber nur wenn der Sommer und Herbst feucht genug waren. Rosmarin ergibt in der Regel nicht sehr viel Honig. Der Honig ist daher eher eine Seltenheit. Sein Geschmack ist blumig-süß und intensiv; die Farbe schwankt zwischen Hellgelb und Bernstein. Herkunftsland ist meistens Frankreich. Die Firma Aries SA in der Schweiz bietet einen reinen Rosmarinhonig aus der Garrigue an.

Orangenblütenhonig

Reiner Orangenblütenhonig stammt meistens aus Sizilien oder Spanien. Er ist süß und sehr aromatisch. In Italien findet man einen Honig, der unter der Bezeichnung «Agrumi» verkauft wird. Er wird aus dem Nektar von Orangen, Zitronen, Grapefruit, Limetten und anderen Zitrusarten von den Bienen produziert.

Manuka –
ein Honig aus Neuseeland

Der Manuka-Baum ist bei uns besser als Teebaum bekannt. Er wächst auf der Südinsel von Neuseeland. Er gedeiht auf einer Höhe von 1000 m. Die Ureinwohner Neuseelands, die Maori, kennen die Heilwirkung dieses Honigs schon seit Urzeiten. Sie gebrauchen den Manuka-Honig wegen seiner antibakteriellen Wirkung gegen Erkältungen und andere Infektionskrankheiten. In der Gegenwart wurde dieses Wissen der Maori durch wissenschaftliche Untersuchungen an den Universitäten bestätigt.

49

Manuka-Honig hat einen exquisiten, sehr aromatischen, intensiven Geschmack. Am besten wird dieser Honig nature mit dunklem Vollkornbrot genossen. Erhältlich ist er in Bio-Läden. Bekannter als der Honig ist das ätherische Öl, welches sehr heilkräftig ist.

Landschaftshonige

Bergwaldhonig aus Frankreich

Dieser Honig wird in einem abgelegenen Gebirgswald des Limousin geerntet. Er besteht aus Tau (Eiche, Haselnussstrauch, Vogelkirsche, Dornbusch) und aus Nektar (wilder Obstbaum, Stachelbeere, Himbeere, Weißdorn). Er ist aromatisch und intensiv im Geschmack.

Die Imkerei, die diesen Honig produziert, wurde im Jahr 1985 gegründet und ist bis heute ein Familienbetrieb geblieben. Von Anfang an wurden die nunmehr über 400 Bienenstöcke biologisch bewirtschaftet. Der Betrieb wird regelmäßig von Biofrance beraten und kontrolliert. Alle Honigsorten sind als «kontrolliert biologisch erzeugt» anerkannt. Bezug: über Bioläden in der Schweiz und Deutschland.

Naturreiner Honig aus unberührter Bergwelt: der «Miel des Pyrénées»

Unter dieser Bezeichnung kommen elf unterschiedliche Sorten Honig auf den Markt. Diese Honige, die ausschließlich von Wildpflanzen aus den Pyrenäen stammen und von biologisch wirtschaftenden Imkern produziert werden, sind ein Geheimtipp unter Honigkennern. Die Imker arbeiten in Höhenlagen zwischen 500 und 2000 m ü. M. in unterschiedlichen Klimazonen. Durch die vielseitige, praktisch noch unberührte Landschaft entstehen einmalige Naturhonige mit sensationellem Geschmack. Die Imker gehören alle der französischen Bio-Organisation «Nature et Progrès» an, von der sie regelmäßig kontrolliert werden. Bezug über Bioläden.

Biene auf Apfelblüte

BLÜTENPOLLEN – GEBALLTE LEBENSKRAFT DER PFLANZEN

Alte Biene (ihr Alter erkennt man an den ausgefransten Flügeln) mit Pollenhöschen

Blütenpollen sind die männlichen Keimzellen der blühenden Pflanzen; in ihnen steckt die geballte Lebenskraft zum Wachstum der Pflanzen. Beim Sammeln des Pollens von den Blüten bestäuben die Bienen gleichzeitig die Pflanzen und tragen dadurch zu ihrer Erhaltung und Vermehrung bei. So erfüllen die Bienen überall auf der Welt einen wichtigen ökologischen Beitrag. Den gesammelten Pollen befeuchten die Bienen mit Nektar und formen aus ihm kleine Kugeln, die sie in Körbchen (sie werden auch als Pollenhöschen bezeichnet) an den Hinterbeinen in den Bienenstock transportieren.

Der Pollen wird in den Waben gelagert und von den Bienen zur Konservierung mit Honig verschlossen. Das «Bienenbrot» kann auf diese Weise ohne Nährstoffverlust über Monate hinweg aufbewahrt werden. Der Pollen sichert den Bienen die Versorgung mit hochwertigen Eiweißen und Mineralstoffen. Ist die Versorgung mit Pollen für die Bienen schlecht, so ist die Vermehrung und Erneuerung des Volks gefährdet. Einen geringen Teil des gesammelten Pollens, ca. 10 bis höchstens 30 Prozent, können die Imker den Bienen jedoch für die Verwendung als Nahrungsergänzungsmittel für uns Menschen wegnehmen.

Ein leistungsstarkes Bienenvolk sammelt in einer blütenreichen Gegend jährlich 25 bis 30 kg Pollen. Für eine einzige Pollenladung muss eine Biene rund 80 Blüten besuchen. Für die Gewinnung eines einzigen Kilogramms Pollen muss eine Biene dementsprechend rund 50'000 bis 100'000 Mal ihre Höschen vollpacken. An guten Sonnentagen bringt ein Volk bis zu 150 g Blütenpollen in den Sammelkasten. Bei ärmlichen Trachtverhältnissen und zusätzlich schlechtem Wetter darf man Blütenpollen nur von den stärksten Völkern entnehmen.

Pollen, der als Nahrungsergänzung verwendet wird, sollte möglichst aus Gegenden mit einer großen Pflanzenvielfalt stammen; Pollen aus Gegenden mit überwiegender Monokultur ist zu vermeiden. Die meisten der bei uns verkauften Pollen kommen daher aus Frankreich, Italien, Spanien oder Ungarn. Die Gewinnung des Pollens erfolgt mit einer speziellen Auffangvorrichtung am Eingang des Fluglochs. Die Bienen müssen dort hindurch und verlieren dabei ihr Pollenhöschen. Anhand der Farbe kann der erfahrene Imker erkennen, von welcher Pflanze der Pollen stammt. Der heruntergefallene Pollen muss täglich entnommen und sofort schonend getrocknet werden. Kleine Mengen Pollen werden bei einer Raumtemperatur von etwa 20 bis 25 Grad während einiger Tage getrocknet. Größere Mengen werden in speziellen Trockenkammern innert 10 bis 12 Stunden bei Temperaturen von 37 bis 42 Grad getrocknet.

Dass die Blütenpollen eine sehr große Heilkraft besitzen, wussten schon die Wikinger, die sie auf ihren monatelangen Seefahrten auch als Kraftnahrung verzehrten. Aber erst in den dreißiger Jahren entdeckte man auf der Suche nach gesundheitlich wertvollen Nahrungsmitteln den hohen Eiweißgehalt des Pollens. Blütenpollen enthalten alle lebenswichtigen Eiweißbausteine. Außerdem ist er reich an Mineralstoffen, Spurenelementen, Enzymen und verschiedenen Vitaminen. Mit nur 30 g Blütenpollen (6 Teelöffel) kann ein erwachsener Mensch gemäß Untersuchungen seinen Tagesbedarf an lebenswichtigen Aminosäuren, Mineralstoffen und Vitaminen decken.

Blütenpollen als Nahrungsergänzung

Als Nahrungsergänzung oder als Stärkungsmittel genügen täglich 1 bis 3 Teelöffel während einer Kurdauer von 3 Wochen. Damit der Körper die Wirkstoffe des Blütenpollens optimal ausnutzen kann, sollte der Blütenpollen stets für sich allein auf nüchternen Magen eingenommen und gut eingespeichelt werden. Für eine gute Ausnutzung und Verträglichkeit ist langes Einspeicheln sehr wichtig. Pollen sollten aber nicht gekaut werden. Es gibt im Handel auch aufgeschlossenen Blütenpollen, der von den Menschen besser ausgenutzt werden kann. Wer den Pollen genügend einspeichelt, kann die meisten Wirkstoffe aber wohl auch sonst aufnehmen.

Wem der Eigengeschmack des Pollens zu intensiv ist, der kann den Pollen mit Honig gemischt einspeicheln oder die im Handel erhältlichen Pollenkapseln verwenden. Das Gewöhnen an den kräftigen Eigengeschmack dieser einmaligen Kraftnahrung gehört gemäß Christophe Perret-Gentil jedoch bereits zum erwünschten Heilprozess.

Dosierung und Einnahmemenge

Eine Blütenpollenkur von 14 bis 21 Tagen Dauer ist besonders im Winterhalbjahr zur Stärkung der körpereigenen Abwehr sehr zu empfehlen. Bei Rekonvaleszenz sind Pollenkuren aber das ganze Jahr über sinnvoll. Je verschiedenfarbiger die Pollen sind, desto wirksamer ist die Kur, weil sich so die Eigenschaften zahlreicher Blütenarten verbinden. Schon mit einem Teelöffel Pollen täglich können hervorragende Ergebnisse erzielt werden. Für eine Intensivkur können für 2 bis 3 Wochen täglich bis zu 3 Teelöffel eingenommen werden. Diese Mengen sollten dann aber auf 2 bis 3 Einnahmezeitpunkte ver-

Blütenpollenkuren können empfohlen werden bei:

- allgemeiner Erschöpfung
- geistiger oder körperlicher Müdigkeit
- mangelnden Abwehrkräften
- anstrengender Computerarbeit (stärkt die Augen)
- Blutarmut (Eisenversorgung)
- Schlafstörungen
- Leberbeschwerden (Pollen helfen der Leber bei der Entgiftungsarbeit und wirken cholesterinsenkend)
- diversen Stoffwechselstörungen wie Diabetes mellitus und Übergewicht
- Darmbeschwerden wie Durchfall oder Verstopfung
- niedrigem Blutdruck
- Allergien
- Rheuma
- Prostatabeschwerden

Zur Anwendung von Blütenpollen gibt es keine Gegenindikationen!

teilt werden. Pollenkuren können je nach Beschwerden zwischen 4 Wochen und 3 Monaten dauern. Eine Kur kann bei Bedarf zwei- bis dreimal pro Jahr wiederholt werden.

Blütenpollen stärken den ganzen Menschen, indem sie den Stoffwechsel durch die Versorgung mit allen nötigen Wirkstoffen in natürlicher und optimaler Zusammensetzung fördern.

Aufbewahrung von Blütenpollen

Blütenpollen sollen, vor direkter Sonnenbestrahlung geschützt, in Gläsern aufbewahrt werden, allenfalls unter Vakuum. Je kühler die Lagertemperatur, desto besser für die Erhaltung der Wirkstoffe. Wer möchte, kann Pollen mit Honig mischen oder tiefkühlen und so seinen Heilwert über längere Zeit ohne Qualitätseinbuße erhalten.

Aber eigentlich sollen Pollen möglichst frisch verwendet werden. Daher deklarieren einige Firmen auf ihren Pollenverpackungen das Erntejahr.

Die Bienenkönigin umgeben von ihren «Hofdamen»

WUNDERMITTEL GELEE ROYALE –
FUTTERSAFT DER KÖNIGIN

Ein bekanntes und für das Überleben eines Bienenvolkes zentrales Produkt ist Gelee Royale, auch als Königinnen- oder Weiselfuttersaft bezeichnet wird. Dieser Saft wird von den jungen Arbeitsbienen in ihren Speichel- und Futterdrüsen gebildet. Er dient in jedem Bienenvolk zur lebenslangen Ernährung der Königin. Nur dank dieser Nahrung ist es ihr möglich, täglich bis zu 2'000 Eier zu legen und trotz dieser enormen Leistung 4 bis 6 Jahre zu leben. Das ist im Vergleich zu einer Arbeitsbiene eine 50mal längere Lebensdauer. Die übrigen Bienenlarven bekommen diesen nährstoffreichen Saft nur während der ersten drei Lebenstage; darum wird Gelee Royale manchmal auch als Muttermilch der Bienen bezeichnet.

Der königliche Saft hat die Menschen schon immer besonders fasziniert. Er wirkt, wie man weiß, vor allem auf alle Erneuerungsprozesse stimulierend. Der Gelee Royale wird deshalb häufig als «Wundermittel» zur Behandlung von Leistungsschwäche, bei Konzentrations- und Gedächtnisstörungen, bei Stress und Überforderung und zur Genesung nach Krankheiten empfohlen. In einer leistungsorientierten Gesellschaft mit viel Stress wird Gelee Royale immer öfters angeboten.

Gelee Royale ist der wichtige Futtersaft für die Bienenkönigin. Gelee royale wird täglich nur in sehr kleinen Mengen von 200 bis 300 mg pro Bienenvolk gebildet. Pro Jahr beträgt die Ernte pro Bienenstock maximal 250 bis 500 g. In Deutschland und in der Schweiz gibt es nur wenige Imker, die Gelee Royale gewinnen. Der meiste Gelee Royale kommt aus Fernost, der größte Lieferant ist China.

Gewinnung von Gelee Royale – Extremsituation für das Bienenvolk

Für die Gewinnung von Gelee Royale kommen nur starke Bienenvölker mit vielen jungen Bienen in Frage. In den Bienenstock werden künstliche Königinnenzellen eingehängt. Die eintägigen Larven werden, wenn man dem Volk die Königin wegnimmt, mit Weiselfuttersaft gefüttert, damit die Bienen möglichst rasch wieder zu einer Königin kommen. Dadurch erzeugt man im Bienenstock eine Extremsituation. Nach drei Tagen wird der Futtersaft aus den Zellen entnommen und sofort weiterverarbeitet. Bei einem starken Volk können so 50 bis 100 Mutterzellen eingesetzt werden. Pro Mutterzelle werden dann ca. 200 bis 300 mg Gelee Royale eingelagert. So kann pro Saison innerhalb von 3 bis 4 Monaten 400–600 g Futtersaft entnommen werden.

Königlicher Luxus auf Kosten der Bienengesundheit?

Pollen und Gelee Royale spielen für die gesunde Entwicklung der Königin und des gesamten Bienenvolks eine wichtige Rolle. Greift man in dieses fein ausgewogene Gleichgewicht ein, kann es zu schwerwiegenden Entwicklungsstörungen kommen, und schließlich kann so die Überlebensfähigkeit des ganzen Volkes aufs Spiel gesetzt werden. Gelee Royale ist unter diesem Blickwinkel gesehen ein Luxusprodukt. Um eine gute Kurwirkung zu erzielen, werden tägliche Einnahmemengen von mindestens 250 bis 500 mg, teilweise bis zu 1000 mg empfohlen. Naturnah wirtschaftende Imker lehnen die Produktion von Gelee Royale für die menschliche Ernährung generell ab. Es ist auch durchaus denkbar, dass ein Heilmittel, das unter derartigen Bedingungen produziert wurde, eine negative Prägung erfährt, welche die Wirkung abschwächt. Bei der Herstellung und Gewinnung von Naturprodukten sollte besondere Sorgfalt angewendet werden.

Blütenpollen statt Gelee Royale

Ich empfehle jedem verantwortungsbewussten Verbraucher, regelmäßig Bienenhonig, ab und zu Blütenpollen und darüber hinaus das wertvolle Propolis einzunehmen, von dem gleich anschließend die Rede sein wird. Diese Produkte wirken in ihrer Kombination ähnlich dem Gelee Royale. Denn Gelee Royale wird ja nur von pollenernährten Arbeitsbienen produziert.

Gebet nordamerikanischer Indianer

Großer Geist,
gib uns Herzen, die verstehen,
nie von der Schöpfung Schönheit
mehr zu nehmen, als wir geben.
Nie mutwillig zu zerstören
zur Stillung unserer Gier.

Nie zu verweigern unsere Hand,
wo es gilt, der Erde Schönheit aufzubauen.
Nie von ihr zu nehmen,
was wir nicht bedürfen.

Gib uns Herzen, die verstehen,
dass wer der Erde Lied zerstört,
Verwirrung schafft.
Wer ihr Angesicht verwüstet,
uns blind macht für die Schönheit.
Wer ihren Wohlgeruch stört,
eine Wohnstatt schafft voll Gestank.

Wenn wir mit Liebe sie umgeben,
wird sie auch für uns sorgen.

PROPOLIS – DAS NATÜRLICHE ANTIBIOTIKUM

Neben Nektar, Honigtau und Blütenpollen sammeln die fleißigen Bienen auch Harze von Blatt- und Blütenknospen. Diese Harze werden mit Körpersekreten zu Propolis, auch Kittharz genannt, vermischt. Propolis wird von den Bienen zum Abdichten des Bienenstocks gebraucht. Propolis wirkt als Schutz gegen den Befall mit Krankheitserregern; dank dieser Substanz herrscht im Stock Keimfreiheit. Der Imker kann Propolis gewinnen, indem er den Bienen Netze oder Gitter in den Stock hängt. Wenn die Bienen die Löcher mit Propolis abgedichtet haben, werden die Gitter entfernt und in den Kühlschrank gelegt. Das Propolis wird dann brüchig und kann so gewonnen werden. Es kann als Stückchen in Honig eingelegt oder in Alkohol gelöst als Propolis-Tinktur angewandt werden.

Propolis setzt sich zum größten Teil aus Harzen, Wachs, ätherischen Ölen, Pollen sowie organischen Säuren, Mineralstoffen und Spurenelementen zusammen. Es wird vor allem wegen seiner bakterienhemmenden und antibiotischen Wirkung geschätzt. In der Volksheilkunde ist es seit Jahrhunderten als vielseitiges Heilmittel bekannt. In Mund- und Zahnhygiene dient es der vorbeugenden Behandlung von Zahnfleischentzündungen und Zahnfleischbeschwerden.

Besonders wirksam ist Propolis gegen Pilze, Viren und Bakterien. Gleichzeitig wirkt es stimulierend auf die Gewebeerneuerung. Propolis kann innerlich oder äußerlich als Tinktur oder Salbe angewandt werden. Kontraindikationen sind, von einer eventuellen Allergie abgesehen, keine bekannt.

BIENENGIFT IN DER NATURHEILKUNDE

In der Naturheilkunde wird außer Honig, Gelee Royale und Propolis auch Bienengift seit Jahrtausenden als bewährtes Heilmittel eingesetzt. In der Homöopathie kennt man potenziertes Bienengift als Heilmittel unter anderem bei Rheuma und Bienenstichen. Ein Großversuch eines Arztes mit 39'000 Bienenstichen an 173 Rheumakranken war bereits 1888 erfolgreich. Imker und Ärzte sind der Meinung, dass Bienenstiche Rheuma verhüten helfen.

Früher mussten die Bienen zur Gewinnung des begehrten Giftes sterben, was heute nicht mehr nötig ist. Im Durchschnitt müssen etwa 1'000 bis 3'000 Bienen einmalig gemolken werden, bis man ein Gramm Bienengift erhält. Das Bienengift ist wie auch die anderen Bienenprodukte ein biologischer Komplex aus verschiedenen Wirkstoffen.

Bienengift hat eine schmerzstillende Wirkung. Es wirkt aber auch auf andere Art auf das Nervensystem. Bei entzündlichen Prozessen verbessert es den lokalen Kreislauf und hilft die Abbauprodukte besser zerstreuen. So wird Bienengift heute in der Apitherapie bei folgenden Beschwerden eingesetzt: rheumatische Beschwerden, Arthrosen, Bronchialasthma, Gefäßerkrankungen, schwer heilende Wunden, Erkrankungen des Nervensystems.

BIENENWACHS – BAUSTOFF AUS DER NATUR

Bienenwachs wird von den Jungbienen in ihren Wachsdrüsen für den Wabenbau produziert. Nachdem sie den Honig entnommen haben, können die Imker den Wachs durch Einschmelzen und Reinigen wieder verwenden. Da die Bienen aber immer wieder neuen Wachs produzieren, kann Bienenwachs unter anderem zur Kerzenherstellung, für Kosmetika, für natürliche Schuhpflegeprodukte und für Möbelbalsam verwendet werden. Bienenwachs ist damit ein universell wichtiger und erneuerbarer Naturrohstoff.

Pro Jahr produziert ein Bienenvolk allerdings nur ca. 500 g Wachs. Bienenwachs ist so gesehen eine äußerst kostbare Substanz. Die Produktion kann angeregt werden, indem man den Bienen Baurahmen in den Stock einsetzt. Die Bienen beginnen dann fleißig diese Rahmen mit Waben zu füllen. Um genügend Wachs produzieren zu können,

sind sie jedoch auf eine ausreichende Nahrungszufuhr angewiesen.

Im Bienenwachs können sich im Laufe der Zeit fettlösliche chemische Bestandteile, beispielsweise aus der chemischen Varroa-Bekämpfung, anreichern. Da der Honig in diesen Waben aufbewahrt wird, können sich Spuren dieser Rückstände mit der Zeit auch im Honig niederschlagen. Imker, die keine chemische Varroa-Behandlung durchführen, müssen entweder einen eigenen, geschlossenen Wachskreislauf haben oder den Wachs von ebenfalls chemiefrei arbeitenden Kollegen kaufen, um unerwünschte Rückstände im Honig zu vermeiden.

In der Heilkunde wird Bienenwachs eher selten verwendet. Bekannt sind die warmen Wachsauflagen auf die Brust bei Bronchitis und anderen Erkältungskrankheiten.

EINIGE WÜNSCHE FÜR DIE ZUKUNFT

Wir haben uns nun intensiv mit dem süßesten aller Naturstoffe, dem flüssigen Gold der Bienen, beschäftigt. Ich hoffe, dass meine Informationen über den Honig und die anderen wertvollen Bienenprodukte bei meinen Lesern zu einem neuen Umgang mit diesem einmaligen Naturprodukt führen.

Wenn Sie sich erst einmal an den etwas anderen Geschmack von mit Honig gesüßten Speisen gewöhnt haben, werden Sie den Zucker in ihrem Haushalt kaum bis gar nicht mehr vermissen. Ich habe mir bei all meinen Recherchen zum Thema Honig und der heutigen Imkerei viele Gedanken gemacht und möchte dieses kleine Honigwerk mit einigen persönlichen Wünschen beenden:

1. Wunsch:

Um den Imkern auf der ganzen Welt, aber ganz besonders auch unseren heimischen Imkern und ihren fleißigen Bienen in den nördlichen Regionen Europas das Leben etwas zu erleichtern, wäre die Rückbesinnung auf eine möglichst flächendeckende, naturnahe Landwirtschaft wünschenswert. Das würde der Umwelt und schließlich auch allen ihren Bewohnern nur zugute kommen. Mit seinem persönlichen Kauf- und Konsumverhalten kann jeder seinen Beitrag dazu leisten.

2. Wunsch:

dass immer mehr Menschen den Wert einer naturbelassenen Ernährung inkl. der natürlichen Süßmittel, insbesondere des Honigs, schätzen lernen; auf diese Weise wären viele ernährungsbedingte Gesundheitsstörungen zu vermeiden, womit riesige Summen von Krankenkassenprämien und Steuergeldern gespart werden könnten.

3. Wunsch:

dass Konsumentinnen und Konsumenten, trotz des Mehrpreises gegenüber ausländischen Honigen, vermehrt durch den Kauf von heimischem Honig die aufwendige Arbeit der Imker unterstützen. Nicht auszudenken, was geschähe, wenn die ortsansässigen Imker ihre wichtige ökologische Aufgabe nicht mehr erfüllen würden, weil niemand mehr ihren Honig kauft.

4. Wunsch:

dass immer mehr Menschen ihre Gärten und ihre Balkonkisten mit heimischen, besonders bienenfreundlichen Pflanzen (siehe Liste in Anhang 1) bepflanzen und ihre Gärten möglichst ohne Einsatz von Chemie als natürliches Ökosystem pflegen. Reservieren Sie doch im nächsten Frühling in ihrem Garten eine Ecke für die Bienen! Anstelle des eintönigen englischen Rasens würden bunte Wildblumenwiesen die Wohnqualität von Menschen und Bienen nachhaltig verbessern. Die Wahl liegt bei Ihnen.

5. Wunsch:

dass durch unser heutiges Verhalten besonders unseren Kinder und allen Menschen auf diesem Planeten eine lebenswerte Zukunft erhalten bleibt.

Im Namen aller Lebewesen dieser Erde danke ich Ihnen für Ihre Bemühungen.

Wir sind dankbar

Wir danken unserer Mutter Erde,
die uns ernährt.
Wir danken den Flüssen und Bächen,
die uns ihr Wasser geben.
Wir danken den Kräutern,
die uns ihre heilenden Kräfte schenken.
Wir danken dem Getreide, der Bohne, dem Kürbis
und den Bienen, die uns den Honig schenken
und uns damit am Leben erhalten.
Wir danken den Büschen und den Bäumen,
die uns ihre Früchte spenden.
Wir danken dem Wind,
der die Luft bewegt und Krankheiten vertreibt.
Wir danken dem Mond und den Sternen,
die uns mit ihrem Licht leuchten,
wenn die Sonne untergegangen ist.
Wir danken der Sonne,
die freundlich auf die Erde herabschaut.
Wir danken dem Regen,
der unsere Felder mit seinem kostbaren Wasser nährt.
Vor allem danken wir dem Großen Geist,
der alle Güte in sich vereint und alles zum Wohl
seiner Kinder lenkt.

Gebet der Irokesen

REZEPTE

HAFERKÖPFCHEN

für 6 kleine Förmchen

- *100 g feines Haferschrot*
- *250 ml/2,5 dl Milch*
- *45 g Butter*
- *1 EL Blütenhonig*
- *4 Eigelb von Freilandeiern*
- *1 Msp Vanillepulver*

- *4 Eiweiß*
- *1 Prise phosphatfreies Backpulver*

- *Butter für die Förmchen*
- *geriebene Haselnüsse, für die Förmchen*

1. Das Haferschrot und die Milch in einer Pfanne glatt rühren. Butter, Eigelb, Honig und Vanillepulver dazugeben. Unter Rühren auf kleinem Feuer aufkochen und so lange köcheln lassen, bis sich ein Kloß gebildet hat. Beiseite stellen und abkühlen lassen.

2. Die Portionenförmchen einbuttern. Die geriebenen Nüsse einstreuen, durch Bewegen der Förmchen die Nüsse auch auf die Wand verteilen.

3. Ofen auf 180 Grad vorheizen.

4. Das Eiweiß mit der Prise Backpulver zu Schnee schlagen.

5. Die Hafermasse nochmals gut rühren, den Eischnee unterziehen. In die vorbereiteten Förmchen füllen.

6. Die Haferköpfchen im vorgeheizten Ofen im Wasserbad rund 30 Minuten pochieren. Nadelprobe machen.

Tipp: Warm oder kalt mit einer Frucht- oder einer Vanillesauce servieren. Dieses Rezept ist ein sättigendes Abendessen, das bei Kindern sehr beliebt ist.

HIRSECREME MIT DATTELN UND BEEREN

für 6 Personen

- *$^1/_2$ l Milch*
- *80 g feines Hirsemehl*
- *$^1/_2$ TL Vanillepulver*
- *1 Msp abgeriebene Orangenschale*
- *100 g entsteinte Datteln, klein gewürfelt*
- *1–2 EL neutraler, flüssiger Honig, z. B. Akazienhonig*
- *200 g/2 dl Sahne/Rahm*

- *Saisonbeeren*

1. Milch, Hirsemehl und Vanillepulver in einer Pfanne glatt rühren, aufkochen und auf kleinem Feuer so lange köcheln lassen, bis die Creme bindet. Die Hirsecreme in einer Schüssel auskühlen lassen, ab und zu rühren.

2. Die Hirsecreme mit dem Schneebesen oder mit dem Handrührgerät luftig aufschlagen. Orangenschalen, Datteln und Honig dazugeben, die geschlagene Sahne darunter ziehen.

3. Die Hirsecreme anrichten. Mit den Beeren garnieren.

Variante: Statt Hirsemehl kann auch ein feines Reismehl verwendet werden. Im Bioladen oder im Reformhaus wird man Ihnen gerne den Reis oder die Hirse mahlen. Allergiker können die Kuhmilch durch Reismilch oder Sojamilch ersetzen.

Abbildung:
Hirsecreme mit Datteln und Beeren

GRIESSHERZEN AUF BEEREN

- 200 g Dinkel- oder Weizen-Vollkorngrieß
- 700 ml/7 dl Milch
- 80 g Rosinen
- 2 EL milder Honig, z. B. Akazien- oder Orangenblütenhonig

- 1 Freilandei
- 3 EL Vollkorngrieß
- Butterschmalz/Bratbutter, zum Braten

- 1 TL Zimtpulver
- 2 EL Akazien- oder Orangenblüten-honig

Beeren
- 500–600 g gemischte Beeren
- 100 ml/1 dl Wasser
- wenig Honig nach Belieben
- 1 Hand voll entsteinte Kirschen

1. Grieß, Milch, Rosinen und Honig unter Rühren aufkochen, auf kleinem Feuer unter ständigem Rühren köcheln lassen, bis die Masse von breiiger Konsistenz ist. Den Brei auf einem gebutterten Blechrücken 10 bis 15 mm hoch ausstreichen. Auskühlen lassen.

2. Die Hälfte der Beeren mit dem Wasser pürieren, eventuell durch ein Sieb (Chromstahlsieb) streichen. Mit Honig süßen.

3. Aus der ausgekühlten Grießmasse Herzen ausstechen. Diese zuerst im verrührten Ei, dann im Grieß wenden. Im Butterschmalz beidseitig braten.

4. Das Beerenpüree auf Teller verteilen, die ganzen Früchte dazugeben. Die gebratenen Grießherzen darauf anrichten. Den Zimt und den Honig verrühren, die Grießherzen damit beträufeln.

Tipp: Ein «kinderfreundliches» Rezept.

LEICHTE DINKELPUFFER

für ca. 18 Stück

- 2 EL neutraler, flüssiger Honig
- 1 TL Vanillepulver
- 1 TL abgeriebene Orangenschale
- 175 ml/1,75 dl Milch
- 3 Eigelb von Freilandeiern
- 200 g Dinkel-Vollkornmehl
- 1 Prise Meersalz
- 1 EL geriebene Mandeln
- 3 Eiweiß

- Butterschmalz/Bratbutter, zum Braten

1. Honig, Vanillepulver und Orangenschalen mischen. Milch, Eigelb, Mehl, Salz und Mandeln dazugeben und gut rühren.

2. Das Eiweiß zu Schnee schlagen, unter den Teig ziehen.

3. In einer Bratpfanne wenig Butterschmalz erwärmen. Für jeden Puffer eine kleine Kelle Teig in die Bratpfanne geben, beidseitig braten.

Tipp: Kann warm und kalt gegessen werden. Gut passt ein Apfelmus oder eine Fruchtsauce dazu. Die Menge reicht für ein leichtes, sättigendes Abendessen. Die Puffer sind bei den Kindern sehr beliebt.

Abbildung:
Grießherzen auf Beeren

APFELKÜCHLEIN

- *4 Äpfel*

Ausbackteig
- *200 g Dinkel-Vollkornmehl*
- *3 Freilandeier*
- *150 ml/1,5 dl Milch*
- *1 EL Orangenblüten- oder Lindenblütenhonig, nach Belieben*

- *Maiskeimöl oder Kokosfett, zum Braten*

- *Honig zum Beträufeln, z. B. Orangen- blüten- oder Akazienhonig*

1. Sämtliche Zutaten für den Teig glatt rühren. Den Teig rund 10 Minuten quellen lassen.

2. Die Äpfel nach Belieben schälen. Das Kerngehäuse ausstechen. Die Früchte in dicke Scheiben schneiden.

3. Die Apfelscheiben durch den Teig ziehen, im Maiskeimöl langsam beidseitig braten.

4. Die Apfelscheiben mit Honig beträufeln, servieren.

Variante: Zum Braten im Teig eignen sich auch Birnen, Bananen, Kiwi oder Erdbeeren.

Abbildung:
Äpfel, Bananen und Kiwi im Ausbackteig

APFEL-QUARK-AUFLAUF

- *3 Eigelb von Freilandeiern*
- *100 g neutraler Honig, z. B. Akazien- oder Lindenblütenhonig*
- *60 g flüssige Butter*
- *abgeriebene Schale einer unbehandelten Zitrone*
- *60 g Dinkel-Vollkorngrieß oder Dinkel-Vollkornmehl*
- *500 g Vollmilchquark*
- *80 g Rosinen*
- *3 Eiweiß*

- *4 Äpfel*
- *4 EL rote Honig-Marmelade/Konfitüre*

1. Ofen auf 180 Grad vorheizen.

2. Das Eigelb und den Honig zu einer luftigen Masse rühren. Die leicht ausgekühlte Butter, Zitronenschalen, Grieß, Quark und Rosinen darunter rühren. Das zu Schnee geschlagene Eiweiß darunter ziehen.

3. Bei den Äpfeln das Kerngehäuse ausstechen, mit der Marmelade füllen.

4. Die Auflaufmasse in eine gebutterte Gratinform füllen. Die Äpfel darauf setzen.

5. Den Auflauf im vorgeheizten Ofen 45 bis 50 Minuten backen. Nadelprobe machen: Das Biskuit ist fertig gebacken, wenn die eingestochene Stricknadel sauber bleibt.

Tipp: Mit einer Fruchtsauce servieren.

KASTANIEN-BANANEN-CREME

- *300 g tiefgefrorene Kastanien*
- *1/2 l Milch*
- *1 TL Vanillepulver*

- *1 Banane, zerkleinert*
- *Saft einer Orange*
- *2 EL Akazienhonig*
- *1–2 EL Kastanienlikör*

- *100 g/1 dl Sahne/Rahm*

1. Tiefgefrorene Kastanien, Milch und Vanillepulver aufkochen, auf kleinem Feuer rund 20 Minuten köcheln lassen, bis die Früchte weich sind. Die Kastanien samt Kochflüssigkeit pürieren, auskühlen lassen.

2. Bananenstücke, Orangensaft, Honig und Kastanienlikör pürieren.

3. Kastanien- und Bananenpüree verrühren. Die steif geschlagene Sahne darunter ziehen.

4. Die Kastanien-Bananen-Creme in Gläser oder Schalen füllen. Kühl stellen. Vor dem Servieren mit Orangenspalten garnieren.

HAFERKUGELN-FRÜCHTE-SPIESSCHEN

Haferkugeln

- *150 g mittelfeines Haferschrot*
- *300 ml/3 dl Apfelsaft*
- *60–80 g Kokosflocken*
- *1 Prise Zimtpulver*
- *1 EL Akazienhonig*
- *Butterschmalz/Bratbutter*
- *3–4 EL Akazienblütenhonig*

1. Das Haferschrot und den Apfelsaft aufkochen, etwa 5 Minuten unter Rühren auf kleinem Feuer kochen lassen. Auf der ausgeschalteten Wärmequelle zugedeckt 20 Minuten nachquellen lassen. Etwa 50 g Kokosflocken, das Zimtpulver und einen Esslöffel Honig unter das Schrot rühren. Vollständig auskühlen lassen.

2. Aus der Hafermasse von Hand kleine Kugeln formen und diese in den restlichen Kokosflocken wenden.

3. Die Haferkugeln in einer Bratpfanne im Butterschmalz goldgelb braten. Die Bratpfanne von der Wärmequelle nehmen. Den Honig über die gebratenen Kugeln träufeln, so lange wenden, bis der Honig vollständig aufgenommen ist.

4. Die Kugeln abwechslungweise mit frischen Früchten auf Spießchen reihen.

Tipp: Als Nachspeise oder leichtes Abendessen servieren.

Abbildung:
Haferkugeln-Früchte-Spießchen

MÖHREN-KOHLRABI-FRISCHKOST MIT ROSINEN

- *1–2 Kohlrabi, je nach Größe und Appetit*
- *3 mittlere Möhren/Karotten*
- *1 süßer Apfel*
- *1 EL Rosinen*

Sauce
- *3–4 EL Vollmilchjogurt*
- *1 bis 2 EL milder, flüssiger Honig, z. B. Akazien- oder Lindenblütenhonig*
- *1–2 EL flüssige Sahne/Rahm*
- *Saft einer halben Zitrone*

Garnitur
- *frische Zitronenmelisse, fein gehackt*
- *Walnuss-/Baumnusskernhälften*

1. Die Zutaten für die Sauce glatt rühren.

2. Die Kohlrabi schälen und in Stäbchen schneiden.

3. Die Möhren nach Belieben schälen, in Stäbchen oder feine Scheiben schneiden.

4. Den Apfel waschen, vierteln und entkernen. Die Fruchtviertel in feine Spalten schneiden.

5. Sämtliche Zutaten mit der Sauce mischen.

6. Den Salat anrichten und mit der Zitronenmelisse und den Nüssen garnieren.

Tipp: Ein kinderfreundliches Rezept.

ORIENTALISCHER LINSENSALAT

für 4 Personen als Vorspeise

- *150 g braune Linsen*
- *450 ml/4,5 dl Wasser*

Sauce
- *1 EL Zitronensaft*
- *Kräutermeersalz*
- *3 EL kaltgepresstes Olivenöl*

- *1 TL Koriandersamen*
- *$^1/_2$ TL schwarze Pfefferkörner*
- *1 EL Butterschmalz/Bratbutter*
- *1 TL Senfkörner*
- *1 TL milder Curry*
- *$^1/_2$ TL Kurkuma/Gelbwurz*
- *1 kleine Zwiebel, in Scheiben*
- *1 Apfel, in Spalten*
- *100 ml/1 dl Apfelessig*
- *1 EL Honig*

1. Linsen und Wasser aufkochen, 30 Minuten auf kleinem Feuer köcheln lassen. Auf der ausgeschalteten Wärmequelle zugedeckt 15 Minuten quellen lassen.

2. Für die Sauce Zitronensaft, Salz und Olivenöl verrühren. Mit den Linsen vermengen, 30 Minuten marinieren.

3. Koriandersamen und Pfefferkörner im Mörser zerstoßen. Sämtliche Gewürze in einer Bratpfanne im Butterschmalz kurz dünsten. Die Zwiebelscheiben und die Apfelspalten dazugeben, 2 bis 3 Minuten mitdünsten. Mit dem Apfelessig und dem Honig ablöschen. Den Gewürzjus noch warm mit den Linsen vermengen.

4. Linsensalat auf Blattsalat anrichten.

FRANZÖSISCHER WEISS-KÄSE MIT BIRNEN UND HONIGNÜSSEN

- französischer Brie
- Ziegenkäse
- Roquefort

- 3–4 kleine Birnen
- Apfelsaft

- 80 g Walnuss-/Baumnusskerne
- 5 TL Wald- oder Thymianhonig
- Pfeffer aus der Mühle
- frischer Thymian nach Belieben

1. Die Birnen vierteln, eventuell schälen und entkernen. In wenig Apfelsaft 3 bis 5 Minuten pochieren.

2. Die Walnüsse in einer Bratpfanne leicht rösten. Einen bis zwei Teelöffel Honig dazugeben, kurz umrühren.

3. Den Käse auf Tellern anrichten, mit den Nüssen und den Birnenvierteln garnieren. Mit Pfeffer und Thymian würzen. Restlichen Honig darüber träufeln.

Tipp: Ein spezielles Dessert. Mit einem Dessertwein oder einem Rotwein servieren. Sehr gut schmecken dazu auch frische Trauben oder/und frische Feigen.

Abbildung:
Französischer Weißkäse mit Birnen und Honignüssen

BRÜSSELER ENDIVIE MIT MÖHREN UND ÄPFELN

- 3 Brüsseler Endivien/weißer Chicorée
- Saft einer halben Zitrone
- 2 Möhren/Karotten
- 1 roter Apfel
- 200 g Ananasscheiben aus der Dose

Sauce
- Saft einer halben Zitrone
- 1 Prise Meersalz
- 1 TL Thymianhonig
- geriebene Muskatnuss
- 3–4 EL Walnuss-/Baumnuss- oder Haselnussöl

- Walnuss-/Baumnusskerne für die Garnitur

1. Die Zutaten für die Sauce sämig rühren.

2. Die Brüsseler Endivien putzen und quer in feine Streifen schneiden. Die Möhren und den Apfel samt Schale grob raspeln. Die Ananasscheiben in kleine Stücke schneiden.

3. Sämtliche Zutaten mit der Sauce mischen. Mit den Nüssen garnieren.

HONIGKARTOFFELN PROVENÇALE

- *500 g kleine Frühkartoffeln*
- *2 EL kalt gepresstes Olivenöl*
- *1 TL getrocknete Provencekräuter*
- *2 EL Blütenhonig*

1. Die Kartoffeln gut bürsten. Im Olivenöl langsam anbraten. Die Kräuter über die Kartoffeln streuen, mit wenig Wasser ablöschen. Zugedeckt auf kleinem Feuer weich garen, rund 25 Minuten. Gegen Ende der Garzeit und wenn alle Flüssigkeit verdampft ist, wenig Olivenöl über die Kartoffeln träufeln und nochmals braten. Zuletzt den Honig dazugeben und die Kartoffeln glasieren.

GEBACKENER KÜRBIS MIT HONIG

- *1 kg Potimarron (Oranger Knirps)*
- *Pfeffer aus der Mühle*
- *Meersalz*
- *1 Prise Ingwerpulver*
- *1 Zweig Rosmarin, Nadeln abgestreift*
- *2–3 EL Rosmarinhonig*
- *Öl für die Form*

1. Ofen auf 190 Grad vorheizen.

2. Den Kürbis schälen, vierteln, entkernen und quer in feine Spalten schneiden.

3. Eine Gratinform mit Öl einpinseln. Die Kürbisspalten einschichten, würzen. Die Rosmarinnadeln darüber streuen. Den Honig im Wasserbad leicht erwärmen, über den Kürbis verteilen.

4. Den Kürbis im vorgeheizten Ofen auf mittlerem Einschub rund 20 Minuten braten, bis er weich ist.

GLASIERTE MÖHREN

- *600 g Möhren/Karotten*
- *1 Stück Ingwerwurzel*
- *1 EL Butterschmalz/Bratbutter*
- *$^1/_2$ bis 1 EL milder Honig, z. B. Lavendel- oder Blütenhonig*
- *200 ml/2 dl Gemüsebrühe*

1. Die Möhren nach Belieben schälen, je nach Größe längs halbieren, vierteln oder in Stäbchen schneiden.

2. Den Ingwer schälen und mit der Bircher-Rohkostreibe fein reiben.

3. Die Möhren zusammen mit dem geriebenen Ingwer im Butterschmalz dünsten. Den Honig dazugeben und kurz weiterdünsten. Mit der Gemüsebrühe ablöschen, aufkochen und die Möhren zugedeckt auf kleinem Feuer 8 bis 12 Minuten garen.

Tipp: Zu Lammfilet servieren.

Variante: Marktfrische grüne Erbsen werden nach gleichem Rezept zubereitet (Garzeit 5 Minuten). Auch Kastanien eignen sich für dieses Rezept. Am besten verwendet man tiefgekühlte Früchte, die in gefrorenem Zustand in die Pfanne gegeben und glasiert werden. Die Garzeit beträgt 15 bis 20 Minuten.

Abbildung:
Glasierte Möhren, grüne Erbsen und Kastanien

REIS MIT KASTANIEN

- *150 g Rundkorn-Naturreis*
- *350 ml/3,5 dl Wasser*

- *1 EL Butterschmalz/Bratbutter*
- *150 g tiefgekühlte Kastanien*
- *1 EL Honig, z. B. Kastanienhonig*
- *150 ml/1,5 dl Gemüsebrühe*
- *Meersalz*
- *1 EL Sojasauce*
- *Pfeffer aus der Mühle*
- *frischer Thymian*
- *wenig Sahne, nach Belieben*

1. Den Reis und das Wasser aufkochen, 20 Minuten auf kleinem Feuer köcheln lassen. Auf der ausgeschalteten Wärmequelle zugedeckt 30 Minuten nachquellen lassen.

2. Die tiefgefrorenen Kastanien im Butterschmalz dünsten, den Honig dazugeben und kurz weiterdünsten. Mit der Gemüsebrühe ablöschen, aufkochen und die Kastanien auf kleinem Feuer zugedeckt 12 bis15 Minuten köcheln lassen.

3. Den Reis unter die Kastanien mischen, nochmals erhitzen. Mit Salz, Sojasauce, Pfeffer und Thymian abschmecken. Mit der Sahne verfeinern.

Anmerkung: Je nach Beilage und Appetit können die Mengen erhöht werden. z. B. 200 g Reis und 200 g Kastanien.

LAUCH UND KÜRBIS AN HONIG-VINAIGRETTE

- *200 g Lauch*
- *200 g Kürbis, am besten Potimarron (Oranger Knirps)*

Vinaigrette
- *2 EL Honig- oder Himbeeressig*
- *1 EL Zitronensaft*
- *1 TL Senf*
- *1–2 TL Wald- oder Thymianhonig*
- *Sojasauce nach Belieben*
- *Pfeffer aus der Mühle*
- *5 EL kaltgepresstes Oliven- oder Haselnussöl*
- *2 EL fein gehackte frische Kräuter*
- *einige Schnittlauchhalme*
- *Kürbiskerne*

1. Die Kürbiskerne in einer Bratpfanne trocken rösten.

2. Den Lauch quer in 5 cm lange Stücke schneiden und diese längs in feine Streifen. Den Lauch im Dampf kurz garen. Unter fließendem kaltem Wasser abschrecken, gut abtropfen lassen.

3. Den Kürbis schälen und entkernen. In dünne Spalten (Sicheln) schneiden. Im Dampf kurz garen.

4. Lauch und Kürbis auf Tellern anrichten. Mit der Vinaigrette beträufeln. 10 Minuten marinieren. Mit den Kürbiskernen und den Schnittlauchhalmen garnieren.

Variante: Die Kürbissicheln auf ein geöltes Blech legen. Mit Kräutersalz würzen. Im vorgeheizten Ofen bei 220 Grad ca. 10 Minuten backen. Mit dem Lauch anrichten und der Vinaigrette marinieren.

Abbildung:
Lauch und Kürbis an Honig-Vinaigrette

SÜSSSAURER KÜRBIS

- 1 kg Kürbisfleisch, grob gewürfelt
- 400 ml/4 dl Apfelessig
- 100 ml/1 dl Rotwein
- 1 Zimtstange
- 3 Nelkenköpfchen
- $^1/_2$ TL Meersalz
- 1 EL frisch geriebener Ingwer
- 200 g Akazienhonig

1. Essig, Rotwein, Zimtstange, Nelken, Meersalz und geriebenen Ingwer aufkochen. Über die Kürbiswürfel gießen. 24 Stunden zugedeckt ziehen lassen.

2. Den Kürbis samt Flüssigkeit und dem Honig aufkochen, 10 bis 15 Minuten köcheln lassen, bis der Kürbis weich ist.

3. Die Kürbiswürfel in vorgewärmte Vorratsgläser füllen. Den Kürbisfond nochmals aufkochen, die Gläser bis zum Rand füllen. Den Glasrand reinigen und die Gläser sofort verschließen.

HONIGSAUCE AUS DEM PIEMONT

- 50 g Walnuss-/Baumnusskerne, grob gehackt
- 100 g Blütenhonig
- 1 EL scharfer Senf

1. Die Walnusskerne im Mörser fein zerstoßen. Nach und nach den Honig und den Senf dazugeben und zu einer homogenen Paste rühren.

Tipp: Diese Sauce passt zu gedämpftem Gemüse und in der Brühe gekochtem Rinderfleisch.

LAMMFILET MIT HONIG-NUSS-KRUSTE

- 400–500 g Lammfilet

- 80 g geriebene Haselnüsse
- 2 EL Waldhonig
- etwas getrockneter oder frischer Thymian
- Pfeffer aus der Mühle
- Kräutermeersalz

- Olivenöl oder Butterschmalz/Bratbutter, zum Braten

1. Haselnüsse, Honig und Thymian mischen. Mit Pfeffer und Salz würzen.

2. Das Lammfilet in 3 cm dicke Scheiben schneiden. Die Scheiben in der Haselnussmischung drehen. Das Fleisch im nicht zu heißen Olivenöl oder im Butterschmalz beidseitig braten.

Tipp: Mit grünem Spargel, Frühlingsspinat oder anderem Gemüse servieren.

Abbildung:
Lammfilet mit Honig-Nuss-Kruste

SCHNELLER QUARK-SCHAUM MIT BEEREN

- *250 g/2,5 dl Sahne/Rahm*
- *3 EL Blütenhonig*
- *250 g Vollmilchquark*
- *1 Prise Vanillepulver*

- *400 g Saisonbeeren*

1. Die Sahne steif schlagen.

2. Den Honig, den Quark und das Vanillepulver mit dem Schneebesen zu einer luftigen Masse rühren. Die steif geschlagene Sahne darunter ziehen.

3. Die Beeren auf Gläser verteilen, mit dem Quarkschaum auffüllen. Mit Beeren und Blüten garnieren.

Tipp: Der mit Beeren gemischte Quarkschaum kann zum Füllen von Pfannkuchen verwendet werden.

GRIECHISCHER JOGURT

- *500 g Schafsmilch-Jogurt oder normaler Jogurt*
- *4 EL Akazienhonig oder ein anderer heller, flüssiger Honig*

- *Früchte je nach Saison, z.B. Erdbeeren, Himbeeren, Kiwi, Äpfel usw.*

1. Die Früchte je nach Sorte schälen, entkernen und in Scheiben, Spalten, Würfel schneiden.

2. Die Früchte auf Teller oder Schalen verteilen. Den Jogurt darüber gießen. Mit dem Honig beträufeln.

BRATAPFEL MIT VANILLECREME

- *4 große Äpfel*

Füllung
- *2 EL Blütenhonig*
- *2 EL gehackte Mandeln*
- *1 EL Honig-Frucht-Aufstrich, z. B. Hagebutte*
- *2–3 EL Rosinen*
- *Butterflocken*

Vanillecreme
- *200 ml/2 dl Milch*
- *1 TL Pfeilwurzelmehl oder Maisstärke*
- *1 Prise Vanillepulver*
- *1 EL Honig nach Wahl*

1. Für die Vanillecreme das Pfeilwurzelmehl und die Milch in der Pfanne glatt rühren, das Vanillepulver dazugeben, aufkochen und die Creme auf kleinem Feuer köcheln lassen, bis sie bindet. Abkühlen lassen und mit Honig abschmecken.

2. Das Kerngehäuse der Äpfel ausstechen, etwas aushöhlen.

3. Für die Füllung sämtliche Zutaten verrühren. In die Äpfel füllen.

4. Die gefüllten Äpfel in eine gebutterte Gratinform setzen. Die Früchte mit Butterflocken belegen. Im vorgeheizten Ofen bei 200 Grad rund 25 Minuten backen.

5. Die Äpfel anrichten, mit der Vanillesauce umgießen.

Abbildung:
Griechischer Jogurt

HONIGZABAIONE

- *200 ml/2 dl guter Rotwein oder Weißwein oder Roséwein*
- *2 Freilandeier*
- *2 Eigelb*
- *2 EL Orangenblüten-, Lavendel- oder Akazienhonig*

1. Sämtliche Zutaten in eine Rührschüssel geben. Über dem kochenden Wasserbad zu einer luftigen Creme rühren. Sofort servieren.

BANANEN IM SESAMMANTEL

- *4 reife, feste Bananen*
- *Saft einer Zitrone*
- *3–4 EL flüssiger Honig*
- *Sesamsamen oder Kokosflocken*
- *1–2 EL Butterschmalz/Bratbutter*

1. Die Bananen schälen und längs halbieren. Mit Zitronensaft beträufeln.

2. Die Sesamsamen oder die Kokosflocken in einer Bratpfanne trocken rösten.

3. Die Bananenhälften in den Sesamsamen oder in den Kokosflocken wenden, gut andrücken. Im Butterschmalz braten.

4. Die Bananen auf Tellern anrichten, mit Honig beträufeln. Mit Melissenblättchen oder Blüten nach Wahl garnieren.

Tipp: Sehr gut schmeckt dazu das schnelle Fruchtsorbet, Seite 89

FRÜCHTE-KALTSCHALE

- *3 Kiwis*
- *500 g Beeren, z. B. Erdbeeren, Himbeeren, Heidelbeeren, je nach Saisonangebot*
- *2 EL neutraler Honig, z.B. Lindenblüten-, Klee- oder Akazienhonig*
- *Saft einer halben Zitrone*

- *400 g Saisonfrüchte, z. B. Äpfel, Birnen, Mangos, Kiwis, Bananen*
- *1 EL fein gehackte Zitronenmelisse oder Pfefferminze*

1. Die Kiwis schälen und zerkleinern.

2. Kiwis, Beeren, Honig und Zitronensaft pürieren. Je nach Beerensorte durch ein Sieb (Chromstahlsieb) streichen.

3. Die Früchte schälen, entkernen und klein schneiden.

4. Das Beerenpüree in Glasschalen füllen. Die Früchte dazugeben. Mit der Melisse garnieren.

Tipp: Ein Gedicht an heißen Sommertagen!

Abbildung:
Früchte-Kaltschale

FEINER HONIGFLAN

für 6 Portionenförmchen

- 250 ml/2,5 dl Milch
- 4 Freilandeier
- 3 EL Lavendel-, Orangenblüten- oder Blütenhonig
- 1 Msp abgeriebene Zitronen- oder Orangenschale oder
- 5 Tropfen biologisches ätherisches Orangenblütenöl

1. Portionenförmchen (Souffléförmchen) gut einbuttern.

2. Ofen auf 100 Grad vorheizen.

3. Sämtliche Zutaten mit dem Schneebesen oder mit dem Handrührgerät gut verrühren. In die Souffléförmchen füllen.

4. Den Honigflan im vorgeheizten Ofen im Wasserbad rund 110 Minuten pochieren.

Tipp: Den Honigflan mit einer Fruchtsauce servieren. Sehr gut schmecken die fertigen, im Bio- und Reformhandel angebotenen Frucht- Honigsaucen der Firma Allos.

BEEREN-QUARK-GRATIN

- 300 g Waldbeeren
- 4–5 EL Himbeerhonig
- 1 EL Kirsch
- 2 Freilandeier
- 1 EL Sahne/Rahm
- 200 g Vollmilchquark
- 1 Msp Vanillepulver
- dünnflüssiger Honig zum Beträufeln

Abbildung:
Feiner Honigflan

1. Die Beeren mit 2 Esslöffeln Honig und dem Kirsch mischen.

2. 3 Esslöffel Honig und die Eier zu einer luftigen Masse rühren. Sahne, Quark und Vanillepulver dazugeben.

3. Die Beeren in gebutterte Souffléförmchen füllen. Mit der Quarkmasse überziehen.

4. Den Beerengratin im vorgeheizten Ofen bei 220 Grad Oberhitze rund 20 Minuten überbacken. Mit flüssigem Honig beträufeln, sofort servieren.

ROTWEINBIRNEN MIT TROCKENFRÜCHTEN

- 1 l guter Rotwein
- 4 feste Birnen
- 2 Zimtstangen
- 1 Vanilleschote, längs aufgeschlitzt
- 2 Nelkenköpfchen
- 1 Stück Orangen- oder Zitronenschale
- 6 EL Blütenhonig
- einige getrocknete Aprikosen
- einige getrocknete Pflaumen

1. Den Rotwein aufkochen und bei starkem Feuer um $1/3$ einkochen lassen.

2. Die Birnen schälen und halbieren. Den Stielansatz und das Kerngehäuse entfernen. Die Früchte zusammen mit den Gewürzen und 3 EL Honig in den Rotwein legen, aufkochen und auf kleinstem Feuer 15 bis 25 Minuten pochieren. Den Topf vom Feuer nehmen, die Trockenfrüchte beifügen. Wenn alles leicht abgekühlt ist, den restlichen Honig beifügen. Über Nacht an einem kühlen Ort marinieren.

3. Am nächsten Tag die Gewürze entfernen. Die Früchte samt Sauce anrichten.

SCHNELLES FRUCHT-SORBET

- *500 g tiefgekühlte oder frische Beeren oder Früchte, z. B. Erdbeeren, Himbeeren, Heidelbeeren, Waldbeeren, Pfirsiche*
- *200 g Vollmilchjogurt*
- *1 Prise Vanillepulver*
- *3 EL Akazienhonig*

1. Die tiefgekühlten Beeren kurz antauen lassen. Zusammen mit dem Jogurt, dem Vanillepulver und dem Honig pürieren.

2. Die Masse sofort mit dem Eisportionierer abstechen und die Kugeln in Coupegläser füllen. Im Glas in den Tiefkühler stellen und maximal 1 bis 2 Stunden gefrieren lassen.

Tipp: Das Sorbet innert zweier Tage konsumieren. Da es im Handumdrehen zubereitet ist, kann es jederzeit frisch serviert werden.

Tipp: Kinder mögen fruchtige Sorbets. Sie können auch bei der Zubereitung mithelfen.

MANGOSORBET

- *100 g Blütenhonig*
- *125 ml/1,25 dl Zitronensaft*
- *100 g Birnendicksaft*
- *3 reife Mangos (450 g Fruchtfleisch)*

1. Honig, Zitronensaft und Birnendicksaft in einem Topf erwärmen, bis sich der Honig aufgelöst hat.

2. Die Mangos schälen. Die Früchte halbieren, indem man links und rechts am flachen Kern vorbeischneidet. Die beiden Hälften zerkleinern. Zusammen mit dem Honiggemisch pürieren.

3. Die Mangomasse in der Eismaschine gefrieren lassen. Wer keine Eismaschine hat, lässt die Masse in einem geeigneten Behälter im Tiefkühler fest werden. Alle 20 Minuten gut rühren, damit sich keine zu großen Eiskristalle bilden.

MOHNPARFAIT

- *20 g Mohnsamen, gemahlen*
- *250 g/2,5 dl Sahne/Rahm*
- *2 Eigelb von Freilandeiern*
- *2 EL Waldhonig*
- *abgeriebene Schale einer Orange*

1. Den Mohn mit wenig Sahne kurz aufkochen, abkühlen lassen.

2. Das Eigelb und den Honig über dem kochenden Wasserbad zu einer luftigen Masse rühren. Das dauert 10 bis 15 Minuten. Die Mohnsamen darunter rühren.

3. Die restliche Sahne steif schlagen. Unter die Creme ziehen. Die Orangenschalen beifügen.

4. Die Creme in Portionenförmchen füllen. Im Tiefkühler fest werden lassen, rund 2 Stunden.

5. Das Parfait 10 Minuten vor dem Servieren im Kühlschrank antauen lassen. Den Rand des Parfaits lösen. Auf die Teller stürzen.

Tipp: Mit einer Beerensauce, z. B. einer Heidelbeersauce servieren.

Abbildung:
Schnelles Frucht-Sorbet

ORANGENPARFAIT

für 6 Souffléförmchen

- *2 Eigelb von Freilandeiern*
- *2 EL Orangenblütenhonig*
- *5 Tropfen biologisches ätherisches Orangenöl oder abgeriebene Orangenschalen*
- *250 g/2,5 dl Sahne/Rahm*

Orangensalat
- *4 Orangen*
- *2 EL Cointreau*
- *1 EL Orangenblütenhonig*
- *5 Tropfen biologisches ätherisches Orangenöl*
- *1 EL Mandelstäbchen oder Mandelblättchen, leicht geröstet*

- *Zitronenmelisse für die Garnitur, nach Belieben*

1. Für das Parait Eigelb und Honig zu einer luftigen Masse rühren. Das Orangenöl darunter rühren. Die Sahne steif schlagen und unter die Creme ziehen.

2.Die Parfaitmasse auf die Portionenförmchen verteilen. Im Tiefkühler mindestens 2 Stunden fest werden lassen. Das Parfait 10 Minuten vor dem Servieren im Kühlschrank antauen lassen.

3. Die Orangen oben und unten kappen. Die Schale am Fruchtfleisch entlang herunter schneiden. Mit dem Messer an den beiden dünnen Fruchthäutchen der Schnitze entlang schneiden. Die Filets herauslösen.

4. Cointreau, Orangenblütenhonig und Orangenöl gut verrühren. Über die Orangenfilets träufeln. 15 Minuten marinieren.

5. Die Orangenfilets kreisförmig auf Tellern anrichten. Die Mitte für das Parfait frei lassen. Den Rand des Parfaits mit einem Messer lösen, das Köpfchen auf den Teller stürzen. Die restliche Fruchtsauce darüber träufeln. Mit den Mandeln garnieren.

HEIDELBEER-EISCREME

- *200 g Heidelbeeren*
- *2 Eigelb von Freilandeiern*
- *50 g Blütenhonig*
- *180 g (1 Becher) Vollmilchjogurt*
- *100 g/1 dl Sahne/Rahm*

1. Die Heidelbeeren pürieren.

2. Das Eigelb und den Honig zu einer luftigen Masse rühren.

3. Eigelbmasse, Heidelbeerpüree und Jogurt gut verrühren. Die steif geschlagene Sahne darunter ziehen.

4. Die Masse in der Eismaschine gefrieren lassen oder in einem geeigneten Behälter im Tiefkühler während 2 Stunden fest werden lassen. Ab und zu rühren, damit sich keine zu großen Eiskristalle bilden.

Tipp: Mit einer Heidelbeersauce oder mit Schlagsahne/-rahm servieren.

Variante: Heidelbeeren durch Erdbeeren, Himbeeren oder Brombeeren ersetzen.

Abbildung:
Orangenparfait

MÖHRENKUCHEN

für eine Springform von 26 cm
Durchmesser

- *200 g flüssiger Honig*
- *3 Eigelb von Freilandeiern*
- *1 Prise Zimtpulver*
- *1 Prise Nelkenpulver*
- *1 Prise Meersalz*
- *Saft einer halben Zitrone*
- *2 EL warmes Wasser*
- *1 TL phosphatfreies Backpulver*
- *100 g Dinkel-Vollkornmehl*
- *250 g geriebene Mandeln*
- *250 g Möhren/Karotten, fein gerieben*
- *(Bircher-Rohkostreibe)*
- *3 Eiweiß*

1. Honig, Eigelb, Gewürze, Salz, Zitronensaft und Wasser zu einer luftigen Masse rühren.

2. Ofen auf 180 Grad vorheizen.

3. Den Rand und den Boden der Form mit Butter einstreichen.

4. Backpulver, Mehl und Mandeln mischen.

5. Die Mehlmischung abwechslungsweise mit den geriebenen Möhren unter die Eimasse ziehen. Das zu Schnee geschlagene Eiweiß ganz am Schluss unter den Teig heben. In die Form füllen.

6. Den Möhrenkuchen im vorgeheizten Ofen auf mittlerem Einschub rund 50 Minuten backen.

Variante: Anstelle der Möhren geriebenen rohen Kürbis der Sorte Potimarron (Oranger Knirps) oder geriebene rohe Rote Beten/Randen verwenden.

KASTANIEN-BANANEN-MUFFINS

für 10 bis 12 Muffins

- *150 g weiche Butter*
- *100 g Honig*
- *2 Freilandeier*
- *300 g Bananen, zerdrückt oder püriert*
- *200 g Kastanienmehl*
- *100 g Dinkel-Vollkornmehl*
- *2 TL Weinsteinbackpulver*
- *1 TL Zimtpulver*
- *1 TL Vanillepulver*
- *1 Prise Meersalz*

1. Ofen auf 190 Grad vorheizen.

2. Portionenförmchen einfetten.

3. Die Butter und den Honig zu einer luftigen Creme aufschlagen. Die Eier und das Bananenpüree darunter rühren.

4. Kastanienmehl, Dinkelmehl, Backpulver und Gewürze mischen, unter die Buttercreme rühren.

5. Den Teig in die Portionenförmchen füllen. Im Ofen auf mittlerem Einschub 25 Minuten backen. Nadelprobe machen.

Tipp: Papierförmchen verwenden. Die schönste Form erhalten die Muffins, wenn man jeweils drei Papierförmchen ineinander steckt.

SESAMGEBÄCK

für 30 bis 40 Stück
für ein rechteckiges Blech von
30 x 30 cm

- 200 g Blütenhonig
- 160 g Butter
- 6 EL Sahne/Rahm
- 1 Prise Meersalz
- 1 TL Vanillepulver
- 320 g geschälte Sesamsamen
- 80 g Dinkel- oder
  Weizen-Vollkornmehl

1. Das Kuchenblech gut einfetten und mehlen.

2. Ofen auf 200 Grad vorheizen.

3. Honig, Butter, Sahne, Salz und Vanillepulver kurz aufkochen. Die Sesamsamen und das Mehl darunter rühren.

4. Den Teig im Blech ausstreichen.

5. Das Sesamgebäck im vorgeheizten Ofen auf mittlerem Einschub 15 Minuten backen.

6. Das Gebäck noch heiß in die gewünschten Stücke schneiden. Abkühlen lassen.

Anmerkung: Dieses Rezept ist auch bei einer Ernährung ohne tierisches Eiweiß geeignet.

Tipp: Sesamsamen sind reich an Kalzium. Deshalb ist dieses Gebäck auch eine gesunde Pausenverpflegung für Kinder.

Abbildung Seite 114

KNUSPERKEKSE

- 125 g weiche Butter
- 3 EL Honig
- 2 Freilandeier
- 2 EL Milch
- 1 Msp Vanillepulver
- 5 EL feine Haferflocken
- 60 g Rosinen
- 40 g Sonnenblumenkerne
- 40 g Kokosflocken
- 40 g Sesamsamen
- 200 g Weizen- oder
  Dinkel-Vollkornmehl

1. Die Butter und den Honig zu einer luftigen Masse rühren. Die verrührten Eier nach und nach dazugeben, gut rühren. Die übrigen Zutaten darunter rühren. Den Teig 1 Stunde zugedeckt kühl stellen.

2. Ofen auf 200 Grad vorheizen.

3. Aus dem Teig mit einem Teelöffel Klößchen abstechen, im Abstand von etwa 7 cm auf ein gefettetes Blech setzen (die Kekse laufen leicht auseinander).

4. Die Knusperkekse im vorgeheizten Ofen auf mittlerem Einschub 10 bis 12 Minuten backen.

Tipp: Ein gesunder, vollwertiger Snack für die Pausenverpflegung.

SCHNELLES FRÜCHTEBROT

für eine Kastenform/Cakeform von
30 cm Länge

- *125 g Blütenhonig*
- *4 Freilandeier*
- *175 g Dinkel- oder Weizenvollkornmehl*
- *1 TL phosphatfreies Backpulver*
- *2 TL Zimtpulver*
- *175 g Mandeln oder Haselnüsse, grob gerieben oder gehackt*
- *200 g getrocknete Feigen, grob zerkleinert*
- *375 g Rosinen*
- *100 g Orangeat oder getrocknete Aprikosen, fein gehackt*
- *125 g Datteln, entsteint und fein gehackt*

1. Die Kastenform gut einfetten.

2. Ofen auf 160 Grad vorheizen.

3. Den Honig und die Eier zu einer luftigen Masse rühren, mindestens 10 Minuten. Das mit dem Backpulver gemischte Mehl, Zimtpulver, Mandeln und Früchte unter die Eimasse rühren. Den Teig in die Form füllen.

4. Das Früchtebrot im vorgeheizten Ofen auf mittlerem Einschub rund 1 Stunde backen. Auskühlen lassen und einige Tage eingepackt ruhen lassen.

Tipp: Eine gute Zwischen- oder Pausenverpflegung für Schulkinder. Am Nachmittag mit Butter und Tee servieren.

Abbildung:
Schnelles Früchtebrot

BLECHKUCHEN MIT HONIGMARZIPAN

für ein rechteckiges Blech

Teig
- *2 Freilandeier*
- *125 g weiche Butter*
- *1 Prise Vanillepulver*
- *$1/2$ TL frisch geriebener Ingwer oder 1 Msp Ingwerpulver*
- *2 EL Wasser*
- *1 EL Vollmilchquark*
- *250 g Dinkel-Vollkornmehl*

Belag
- *100 g Honigmarzipan, Seite 115, oder gekauftes Marzipan*
- *1 kg säuerliche Äpfel*
- *50 g Rosinen*
- *wenig Zimtpulver*
- *Zitronensaft*

1. Für den Teig die Eier und die Butter glatt rühren. Gewürze, Wasser und Quark darunter rühren. Das Mehl beigeben und rasch zu einem Teig zusammenfügen. Nicht kneten.

2. Den Teig mit einem kleinen Teigholz direkt auf dem gefetteten Blechboden ausrollen. Es braucht keinen Rand. 30 Minuten kühl stellen.

3. Ofen auf 180 Grad vorheizen.

4. Das Honigmarzipan zerbröckeln, auf den Teigboden verteilen.

5. Die Äpfel waschen und samt Schale mit dem Gemüsehobel/der Röstiraffel hobeln. Zusammen mit den Rosinen auf den Teigboden verteilen. Zimt darüber streuen. Mit Zitronensaft beträufeln.

6. Den Blechkuchen im vorgeheizten Ofen 45 bis 50 Minuten backen.

LEBKUCHEN

für ein rechteckiges Blech

- 700 g Dinkel-Vollkornmehl
- 1 Briefchen phosphatfreies Backpulver
- 1 Briefchen Lebkuchengewürz
- 850 g Blütenhonig
- 70 g Butter
- 100 g/1 dl Sahne/Rahm
- 150 g geriebene Mandeln
- je 50 g Orangeat- und Zitronat-würfelchen
- 3 Freilandeier, verrührt

Garnitur
- geschälte Mandeln
- Orangeat- und Zitronatwürfelchen

1. Mehl, Backpulver und Lebkuchen-gewürz mischen.

2. Honig, Butter und Sahne unter Rühren leicht erwärmen, zum Mehl geben und gut verrühren. Nüsse, Orangeat und Zitronat sowie die verrührten Eier unter den Teig rühren. Den Teig zugedeckt 3 Stunden kühl stellen.

3. Ofen auf 180 Grad vorheizen.

4. Den Teig im gefetteten Blech gleich-mäßig ausstreichen. Mit einem nassen Messer in Quadrate schneiden. Das Messer immer wieder in das Wasser tau-chen. Die Quadrate mit den Nüssen und den Fruchtwürfelchen garnieren.

5. Den Lebkuchen im vorgeheizten Ofen auf unterem Einschub rund 35 Minuten backen. Nadelprobe machen.

Abbildung:
Lebkuchen

EINFACHER BIENENSTICH

für ein rechteckiges Blech

Hefeteig
- 600 g Dinkel- oder Weizen-Vollkornmehl
- 40 g Frischhefe
- 1 EL Honig
- 2 TL Meersalz
- 350 ml/3,5 dl lauwarmes Wasser
- 60 g flüssige Butter

Belag
- 150 g geschälte Mandeln
- 150 g Butter
- 150 g Blütenhonig
- 3 EL Sahne/Rahm
- abgeriebene Schale einer unbehandelten Zitrone
- 1 EL Zimtpulver

1. Das Mehl in eine Schüssel geben. Hefe, Honig und Meersalz im Wasser auflösen, unter das Mehl rühren. Den Teig während 10 Minuten kräftig kneten, am besten mit dem Knethaken der Küchenmaschine. Den Teig zugedeckt 15 bis 20 Minuten aufgehen lassen. Die flüssige Butter unter den Teig arbeiten. Das macht ihn geschmeidiger.

2. Ofen auf 200 Grad vorheizen.

3. Die Mandeln grob hacken. Die Butter und den Honig aufkochen, Mandeln, Sahne, Zitronengelb und Zimtpulver da-runter rühren.

4. Den Teig in einem gefetteten Blech ausrollen. Die Mandelmasse darauf aus-streichen.

5. Den Bienenstich im vorgeheizten Ofen rund 30 Minuten backen.

ANNEKES KASTANIEN-TORTE

für eine Springform von
26 cm Durchmesser

- *300 g tiefgefrorene Kastanien*

- *200 g weiche Butter*
- *4 EL Akazienhonig*
- *5 Eigelb von Freilandeiern*
- *$1/2$ TL Vanillepulver*
- *abgeriebene Schale einer unbehandelten Orange*
- *1 Prise Zimtpulver*
- *1 EL Dinkel-Vollkornmehl*
- *5 Eiweiß*

1. Ofen auf 190 Grad vorheizen.

2. Den Boden der Springform mit Backpapier belegen. Den Rand der Form einfetten.

3. Die gefrorenen Kastanien im Dampf 15 bis 20 Minuten garen, bis sie weich sind. Die Früchte pürieren, abkühlen lassen.

4. Butter und Honig zu einer luftigen Masse rühren. Eigelb, Vanillepulver, abgeriebene Orangenschalen, Zimt, Kastanienpüree und Dinkelmehl darunter rühren. Das zu Schnee geschlagene Eiweiß darunter ziehen. Die Masse in die vorbereitete Form füllen.

5. Kastanientorte im vorgeheizten Ofen auf mittlerem Einschub rund 50 Minuten backen. Nadelprobe machen.

HONIGTALER MIT SESAMSAMEN

- *50 g Butter*
- *200 g Blütenhonig*
- *50 g Rosinen*
- *75 g ganze Mandeln*
- *250 g Dinkel- oder Weizen-Vollkornmehl*
- *125 g Kokosflocken*
- *$1/2$ TL Zimtpulver*
- *1 Freilandei*

- *Sesamsamen*

1. Die Butter erwärmen, den Honig darunter rühren. Auskühlen lassen.

2. Die Rosinen und die Mandeln getrennt klein hacken; am besten geht das in einem Cutter.

3. Mehl, Mandeln, Kokosflocken und Zimt mischen.

4. Die Rosinen und das Ei unter die ausgekühlte Honigmasse rühren. Das Mehl mit feuchten Händen unter die Honigmasse kneten. Der Teig ist klebrig.

5. Ofen auf 175 Grad vorheizen.

6. Auf die Arbeitsfläche reichlich Sesamsamen streuen. Den Teig auf den Samen zu einer Rolle formen. 2 Stunden kühl stellen. Mit einem scharfen Messer Scheiben schneiden. Die Scheiben auf ein gefettetes Belch legen,

7. Die Honigtaler im vorgeheizten Ofen rund 15 Minuten backen.

QUARKKUCHEN MIT ÜBERBACKENEN ÄPFELN

für eine Springform von
26 cm Durchmesser

- *150 g weiche Butter*
- *125 g Blütenhonig*
- *2 Freilandeier*
- *100 g Vollmilchquark*
- *abgeriebene Schale einer unbehandelten Zitrone*
- *250 g Dinkel-Vollkornmehl*
- *2 TL phosphatfreies Backpulver*
- *4 EL Milch, nach Bedarf*

- *600 g Äpfel*
- *Saft einer halben Zitrone*

1. Für den Teig die Butter und den Honig zu einer luftigen Masse rühren. Die Eier nach und nach darunter rühren. Den Quark und die Zitronenschalen beifügen. Das mit dem Backpulver gemischte Mehl darunter rühren. Der Teig soll dickflüssig sein, ansonsten etwas Milch darunter rühren. Den Teig in die gebutterte und gemehlte Springform füllen.

2. Ofen auf 180 Grad vorheizen.

3 Die Äpfel schälen, halbieren und entkernen. Die Früchte in Längsrichtung lamellenartig einschneiden, aber nicht durchschneiden. Die Apfelhälften auf den Teig setzen.

4. Den Apfelkuchen im vorgeheizten Ofen auf unterem Einschub rund 45 Minuten backen. Nadelprobe machen: Das Biskuit ist fertig gebacken, wenn die eingestochene Stricknadel sauber bleibt.

ROSINEN-APRIKOSEN-KUCHEN

für eine Kastenform/Cakeform von
30 cm Länge

- *125 g weiche Butter*
- *200 g Blütenhonig*
- *3 Freilandeier*
- *125 g Magerquark*
- *abgeriebene Schale einer unbehandelten Zitrone*
- *100 g Rosinen*
- *50 g getrocknete Aprikosen, klein gewürfelt*
- *400 g Dinkel-Vollkornmehl*
- *1 Briefchen phosphatfreies Backpulver*
- *125 ml/1,25 dl Milch*

1. Die Kastenform gut einfetten und mehlen.

2. Ofen auf 200 Grad vorheizen.

3. Die Butter und den Honig zu einer luftigen Masse rühren. Die verrührten Eier nach und nach dazugeben, immer wieder gut rühren. Quark, Zitronenschalen, Rosinen und Aprikosen beifügen. Das mit dem Backpulver gemischte Mehl abwechslungsweise mit der Milch darunter rühren. Den Teig in die Form füllen, glatt streichen.

4. Den Kuchen im vorgeheizten Ofen auf unterem Einschub 50 bis 60 Minuten backen. Den Kuchen etwas abkühlen lassen, aus der Form nehmen.

Tipp: Den Kuchen erst nach 24 Stunden anschneiden, dann schmeckt er am besten.

RICOTTAKUCHEN

für eine Springform von
28 cm Durchmesser

Mürbeteig

- *250 g Dinkel-Vollkornmehl*
- *200 g kalte Butter*
- *1 Eigelb von einem Freilandei*
- *2 EL Wasser*
- *1 Prise Meersalz*

Füllung

- *500 g Ricotta oder Vollmilchquark*
- *abgeriebene Schale einer Orange oder Zitrone*
- *150 g Akazienhonig*
- *250 g/2,5 dl Sahne/Rahm*
- *4 Eigelb von Freilandeiern*
- *1 EL Dinkel-Vollkornmehl*

- *500 g Linsen, zum Blindbacken*

1. Für den Teig das Mehl auf den Tisch häufen, eine Mulde formen. Die Butter in Stücke schneiden, zusammen mit dem Eigelb und dem Wasser in die Vertiefung geben. Das Salz darüber streuen. Mit dem Teigschaber zu einem Teig zusammenfügen. Eventuell kurz mit dem Knethacken des Handrührgeräts zusammenkneten und den Teig von Hand kurz kneten.

2. Den Teig am besten zwischen zwei Klarsichtfolien auf Formgröße, inklusive 4 cm Rand, ausrollen. Eine Klarsichtfolie entfernen und den Teig in die eingefettete Form stürzen. Die zweite Klarsichtfolie entfernen. Die Form mindestens 30 Minuten kühl stellen.

3. Für die Füllung alle Zutaten mit dem Schneebesen glatt rühren.

4. Ofen auf 200 Grad vorheizen.

5. Den Teigboden mit den Linsen bedecken. Im vorgeheizten Ofen auf mittlerem Einschub 5 Minuten blind backen. Die Linsen entfernen. Das Gebäck abkühlen lassen.

6. Die Ricottamasse einfüllen. Den Kuchen auf mittlerem Einschub 40 Minuten backen. 10 Minuten im ausgeschalteten Ofen ruhen lassen.

HONIG-GEWÜRZ-LECKERLI

- *2 EL Butter*
- *6 EL milder Blütenhonig*
- *2 TL phosphatfreies Backpulver*
- *200 g Dinkel-Vollkornmehl*
- *2–3 EL Orangeat und Zitronat*
- *2 TL Zimtpulver*
- *100 g geriebene Mandeln*
- *je 1 Prise Kardamon-, Macis-, Koriander- und Ingwerpulver*

1. Ein rechteckiges Kuchenblech von ca. 30 x 30 cm gut einfetten.

2. Den Ofen auf 220 Grad vorheizen.

3. Die Butter und den Honig über dem kochenden Wasserbad schmelzen. Die restlichen Zutaten dazugeben, gut verrühren. Den Teig auf dem Blech ausstreichen.

4. Die Honig-Gewürz-Leckerli im vorgeheizten Ofen 15 Minuten backen. Noch heiß in Stücke schneiden. Auskühlen lassen. Am besten in einer Blechdose aufbewahren.

Produktinfo: Diese Kekse sind auch bei einer Eiweißallergie erlaubt.

Abbildung:
Ricottakuchen

TIRAMISU

für 6 Personen

für eine große rechteckige Form

Biskuitteig
- 5 Eigelb von Freilandeiern
- 150 g Akazienhonig
- abgeriebene Schale einer unbehandelten Zitrone
- 150 g Dinkel-oder Weizen-Vollkornmehl
- 5 Eiweiß

Füllung
- 500 g Mascarpone
- 250 g/2,5 dl Sahne/Rahm
- 50 ml/0,5 dl Amaretto/ Bittermandellikör
- 3 EL Akazienhonig

- 2–3 Kaffeetassen starker Espressokaffee
- Kakaopulver zum Bestreuen

1. Den Ofen auf 180 Grad vorheizen.

2. Den Rücken des Backblechs mit Backpapier belegen oder einölen und mehlen.

3. Für das Biskuit Eigelb und Honig zu einer luftigen Masse rühren. Am besten geht das über dem kochenden Wasserbad. Die Masse muss schön weiß sein, wenn das Biskuit luftig werden soll. Die Zitronenschalen dazugeben. Das Mehl und das zu Schnee geschlagene Eiweiß abwechslungsweise unter die Eimasse ziehen.

4. Den Teig auf dem Blech rücken 1 cm hoch ausstreichen. Das Biskuit im vorgeheizten Ofen auf mittlerem Einschub 15 bis 20 Minuten backen. Stürzen und das Backpapier entfernen. Auskühlen lassen.

5. Für die Füllung Mascarpone, Sahne, Amaretto und Honig gut verrühren.

6. Das Biskuit in zwei Teile schneiden, d. h. auf die Größe der entsprechenden Form/Schüssel. Ein Biskuit in die Form legen. Mit dem Kaffee tränken. Die Hälfte der Mascarponecreme darauf verteilen. Mit dem zweiten Biskuit decken. Wieder mit Kaffee tränken. Mit der Mascarponecreme abschließen. Kühl stellen. Vor dem Servieren mit Kakao bestreuen.

HASELNUSSWAFFELN

- 200 g zimmerwarme Butter
- 2 EL Blütenhonig
- 3 Freilandeier
- 150 g Dinkel-Vollkornmehl
- 1 Msp Vanillepulver
- 1 TL phosphatfreies Backpulver
- 75 g geriebene Haselnüsse

1. Die Butter und den Honig zu einer luftigen Masse rühren. Die restlichen Zutaten darunter rühren.

2. Den Teig in kleinen Portionen in das Waffeleisen geben und Waffeln ausbacken.

Tipp: Mit Beeren oder einer Quarkcreme servieren.

Abbildung: Tiramisu

FEINES BISKUIT

- *4 große Freilandeier*
- *200 g neutraler, flüssiger Honig, z. B. Akazien- oder Blütenhonig*
- *4 EL warmes Wasser*
- *200 g Dinkel-Vollkornmehl*
- *30 g flüssige Butter*

1. Eine Springform einfetten und mit Mehl bestäuben.

2. Den Ofen auf 180 Grad vorheizen.

3. Eier, Honig und Wasser mindestens 10 bis 15 Minuten zu einer luftigen Masse rühren. Am besten geht das, wenn man die Masse über einem kochenden Wasserbad rührt. Das Mehl unter die Eiermasse ziehen. Die flüssige Butter ebenfalls darunter ziehen.

4. Den Biskuitteig in die vorbereitete Form füllen. Im vorgeheizten Ofen auf unterstem Einschub rund 25 Minuten backen. Nadelprobe machen: Das Biskuit ist fertig gebacken, wenn die eingestochene Stricknadel «sauber» bleibt.

Tipp: Dieses Biskuit kann nach Belieben mit einer Quarkcreme oder mit Sahne/Rahm und Früchten gefüllt werden.

PFEFFERNÜSSE

für 40 Stück

- *3 Freilandeier*
- *4 EL Akazien- oder Lindenblütenhonig*
- *250 g Dinkel-Vollkornmehl*
- *2 TL phospatfreies Backpulver*
- *100 g geriebene Walnüsse/ Baumnüsse*
- *1 TL Zimtpulver*
- *1/2 TL Nelkenpulver*
- *abgeriebene Schale einer unbehandelten Zitrone*

- *Walnuss-/Baumnusskerne, für die Garnitur*

1. Die Eier und den Honig zu einer luftigen Masse rühren. Das mit dem Backpulver vermischte Mehl, die Nüsse und die Gewürze samt Zitronenschalen unter die Eimasse rühren. Zu einem glatten Teig verarbeiten. Den Teig über Nacht zugedeckt ruhen lassen.

2. Den Ofen auf 175 Grad vorheizen.

3. Aus dem Teig kleine Kugeln formen. In jede Kugel eine Walnusshälfte drücken. Auf ein mit Backpapier belegtes Blech legen.

4. Die Pfeffernüsse im vorgeheizten Ofen 20 bis 25 Minuten backen.

BANANEN-NUSS-KUCHEN

- *250 g zimmerwarme Butter*
- *250 g flüssiger Honig*
- *4 Freilandeier, verrührt*
- *250 g Dinkel-Vollkornmehl*
- *1 Briefchen phosphatfreies Backpulver*
- *4 reife Bananen*
- *250 g Mandeln oder Cashewnüsse, grob gehackt*

1. Den Ofen auf 190 Grad vorheizen.

2. Die Butter und den Honig zu einer luftigen Masse rühren. Die Eier nach und nach darunter rühren. Das mit dem Backpulver gemischte Mehl unter die Buttermasse rühren. Die Bananen mit der Gabel zerdrücken und unter den Teig rühren.

3. Den Teig in einem gut gebutterten rechteckigen Backblech gleichmäßig ausstreichen. Mit den gehackten Mandeln oder Cashewnüssen bestreuen, leicht eindrücken.

4. Den Bananen-Nuss-Kuchen im vorgeheizten Ofen 20 bis 25 Minuten backen. Auskühlen lassen und in Rechtecke schneiden.

Tipp: Dieser Kuchen ist bei Kindern sehr beliebt.

NUSSECKEN

Teig
- *250 g Dinkel-Vollkornmehl*
- *1 Freilandei*
- *100 g Akazien- oder Lindenblütenhonig*
- *100 g zimmerwarme Butter*

Belag
- *200 g Blütenhonig*
- *100 g Butter*
- *400 g grob gehackte Nüsse, z. B. Mandeln, Cashewnüsse*

1. Für den Teig sämtliche Zutaten in einer Schüssel zusammenfügen, kurz kneten.

2. Den Teig in einem eingefettetes rechteckigen Blech glatt streichen, das geht am besten mit einem kleinen Teigroller.

3. Den Ofen auf 180 Grad vorheizen.

4. Für die Füllung den Honig und die Butter erwärmen, die gehackten Nüsse dazugeben. Auf den Teig verteilen.

5. Das Gebäck im vorgeheizten Ofen auf mittlerem Einschub 20 Minuten backen. Noch heiß in Rhomben oder Quadrate schneiden. Wer möchte, kann die Ecken des Nussgebäcks in wenig flüssige Schokolade tauchen.

BISKUIT MIT QUARKCREMEFÜLLUNG

1 Portion Biskuitteig, Seite 102 (Tiramisu)

Füllung
- *250 g Sahne/Rahm*
- *250 g Vollmilchquark*
- *3 EL milder, neutraler Honig*
- *abgeriebene Schale und Saft einer Zitrone*

1. Den Biskuitteig gemäß Rezept zubereiten. In einer gut eingefetteten Springform backen. Das Biskuit auskühlen lassen, dann horizontal durchschneiden.

2. Für die Füllung die Sahne steif schlagen. Die restlichen Zutaten darunter rühren.

3. $^2/_3$ der Füllung zwischen das Biskuit streichen. Mit dem Rest das Biskuit überziehen.

Varianten: Auf die Quarkfüllung Beeren verteilen. 50 g Mohnsamen oder geriebene Mandeln unter den Teig mischen.

DEVENANDOS HONIG-KUCHEN

für ein kleines rundes Blech

- *250 g Dinkel-Vollkornmehl*
- *1 Briefchen Weinsteinbackpulver*
- *250 g flüssiger Honig*
- *je 1 Msp Zimt-, Ingwer-, Nelken- und Kardamompulver*

Abbildung:
Kokosbrötchen

1. Das Blech gut einfetten.

2. Den Ofen auf 190 Grad vorheizen.

3. Das Mehl und das Weinsteinbackpulver mischen. Den Honig und die Gewürze darunter rühren.

4. Den Teig im Kuchenblech ausstreichen. Am besten geht das mit einem kleinen Teigroller oder mit einem Teigschaber.

5. Den Honigkuchen auf unterem Einschub 15 bis 25 Minuten backen. Die Backzeit variiert je nach Teigdicke. Nadelprobe machen. Heiß in Stücke schneiden.

KOKOSBRÖTCHEN

für 12 große oder 24 kleine Brötchen

- *4 Eiweiß von Freilandeiern*
- *200 g Kokosflocken*
- *100 g Dinkel-Vollkornmehl*
- *Saft einer Zitrone*
- *120 g milder, flüssiger Honig*
- *50 g flüssige Butter*

1. Das Eiweiß zu Schnee schlagen.

2. Die Kokosflocken mit dem Mehl mischen. Zitronensaft, Honig und Butter darunter rühren. Das Eischnee darunter ziehen.

3. Den Ofen auf 180 Grad vorheizen.

4. Von der Kokosmasse mit dem Eisportionierer Kugeln abstechen oder von Hand Brötchen formen. Auf ein geöltes Blech setzen.

5. Die Kokosbrötchen im vorgeheizten Ofen 20 bis 25 Minuten backen.

Tipp: Zum Sonntagsbrunch servieren.

KÜRBISPIE

für eine Form von
26 bis 28 cm Durchmesser

Teig

- *250 g Dinkel- oder Weizen-Vollkornmehl*
- *1 Prise Meersalz*
- *125 g kalte Butter*
- *50 g Akazienhonig*
- *1–3 EL Wasser*
- *1 Freilandei*

Füllung

- *500 g Kürbis, am besten Oranger Knirps (Potimarron)*

- *120 g Cashewkerne, grob gehackt*
- *3 EL Akazienhonig*
- *40 g flüssige Butter*

- *200 g Crème fraîche*
- *2 Freilandeier*
- *2 EL Akazienhonig*
- *3 EL Orangensaft*
- *$1/2$ TL Ingwerpulver*
- *$1/4$ TL Nelkenpulver*
- *$1/4$ TL geriebene Muskatnuss*
- *1 TL Zimtpulver*

1. Für die Füllung den Kürbis schälen und würfeln. Im Dampf gut weich garen, 15 bis 20 Minuten. Den Kürbis durch das Passetout/Passevite drehen oder pürieren. In einem feinmaschigen Sieb abtropfen lassen.

2. Für den Teig das Mehl und das Salz in einer Schüssel mischen. Die Butter in Stücke schneiden, mit dem Mehl krümelig reiben. Die Mehlmischung auf die Arbeitsfläche häufen, eine Vertiefung machen. Honig, Wasser und Ei in die Vertiefung geben. Rasch zu einem Teig zusammenfügen. Nicht kneten.

3. Den Teig zwischen zwei Klarsichtfolien auf Formgröße, inklusive 4 cm Rand, ausrollen. Eine Klarsichtfolie entfernen und die Teigrondelle in die eingefettete Form stürzen. Die zweite Klarsichtfolie entfernen. Die Form 30 Minuten kühl stellen.

4. Den Ofen auf 230 Grad vorheizen.

5. Für die Füllung Nüsse, Honig und Butter verrühren, auf den Teigboden verteilen.

6. Kürbispüree (ca. 300 g), Crème fraîche, Eier, Orangensaft und Gewürze gut verrühren, auf die Nüsse verteilen.

7. Die Kürbispie im vorgeheizten Ofen auf mittlerem Einschub 10 Minuten backen. Hitze auf 190 Grad reduzieren und weitere 40 Minuten backen.

Tipp: Mit geschlagener Sahne servieren.

*Abbildung:
Kürbispie*

MANDELMILCH

- 2 EL weißes Mandelpüree (Reformhaus/Bioladen)
- 1 EL Akazienhonig
- $^1/_2$ TL Vanillepulver
- 250 ml/2,5 dl Wasser

1. Sämtliche Zutaten mixen.
Tipp: Als Frühstück oder Zwischenmahlzeit servieren.

ROTWEINPUNSCH

- 500 ml/5 dl guter Rotwein
- Saft einer Orange oder Zitrone
- $^1/_2$ Zimtstange
- 2 Nelkenköpfchen
- 2 EL Akazien- oder Orangenblütenhonig

1. Rotwein, Orangensaft und Gewürze aufkochen. Die Pfanne von der Wärmequelle nehmen. Mit dem Honig süßen. Heiß servieren.

HONIGMILCH MIT MANGOAROMA

- $^1/_2$ l Reismilch oder Kuhmilch
- 4 EL Mango-Honigsauce (Bioladen/Reformhaus)

1. Milch und Mangosauce mixen.

WEIHNACHTSPUNSCH

- 700 ml/7 dl roter Traubensaft
- 1 Zitronenscheibe
- 1 Zimtstange
- 2 Nelkenköpfchen
- 700 ml/7 dl Hagebuttentee oder anderer Früchtetee
- Orangenstückchen
- Saft einer Orange
- Orangenfilets
- 2 EL Honig, z. B. Orangenblütenhonig

1. Traubensaft, Zimtstange, Zitronenscheibe und Nelken aufkochen, 5 Minuten kochen lassen. Unter den heißen Tee rühren. Orangenstückchen, Orangensaft und Orangenblütenhonig darunter rühren. In Punschgläser füllen.

Abbildung:
Weihnachtspunsch (im Krug),
Rezept oben
Mandelmilch (Mitte links), Rezept oben
Rotweinpunsch (vorne rechts),
Rezept oben
Orangenpunsch (vorne links),
Rezept Seite 112

ROSEN-LASSI

- *500 g Vollmilchjogurt*
- *250 ml/2,5 dl Wasser*
- *250 ml/2,5 dl Rosenwasser (Bioladen)*
- *5 EL neutraler Honig*
- *1 Prise Ingwerpulver*

1. Sämtliche Zutaten mixen.
2. Den Drink in hübsche Stielgläser füllen. Mit Rosenblüten garnieren.

ORANGENPUNSCH

- *600 ml/6 dl frisch gepresster Orangensaft*
- *400 ml/4 dl heißes Wasser*
- *4 TL Akazien- oder Orangenblütenhonig*
- *1 Prise Ingwerpulver*

1. Sämtliche Zutaten mit dem Schneebesen verquirlen. Heiß servieren.

FITDRINK

- *250 ml/2,5 dl Möhren-/Karottensaft*
- *250 ml/2,5 dl Orangensaft*
- *1 EL Bierhefeflocken, nach Belieben*
- *1 EL feines Hafermehl, frisch gemahlen*
- *2 EL Blütenhonig*
- *2 TL Blütenpollen*

1. Sämtliche Zutaten mixen.

HONIGMILCH MIT INGWER

- *1/2 l Milch*
- *ein Stück frischer Ingwer*
- *milder Honig*

1. Den Ingwer schälen und mit der Bircher-Rohkostreibe fein reiben.
2. Die Milch und den Ingwer aufkochen. Die Pfanne von der Wärmequelle nehmen, zugedeckt 10 Minuten ziehen lassen. Die Milch nochmals erwärmen und absieben. Mit dem Honig abschmecken.

Tipp: Ein ideales Getränk bei Erkältungen und Halsschmerzen. Ingwer verhindert, dass die Milch den Körper verschleimt.

BRIGITTAS ROSA ERDBEERBOWLE

- *250 g Erdbeeren*
- *Saft und Schale einer unbehandelten Zitrone*
- *2 EL neutraler, flüssiger Honig*
- *3 EL Kirsch*
- *700 ml/7 dl guter Rosé, gut gekühlt*
- *1 Flasche Champagner oder*
- *1 Flasche Chi (Sojagetränk), gut gekühlt*

1. Die Erdbeeren in Scheiben schneiden und in eine Bowle geben.
2. Zitronenschalen, Zitronensaft, Honig und Kirsch gut verrühren, über die Erdbeeren träufeln. Im Kühlschrank 2 Stunden zugedeckt marinieren.
3. Rosé und Champagner zu den Erdbeeren geben. Mit Zitronenmelissenblättchen oder Borretschblüten garnieren.

Variante: Den Wein durch Traubensaft ersetzen.

REVITALISIERUNGSKUR

- *200 g Akazienhonig*
- *50 g Bierhefeflocken*
- *50 g Weizenkeimlinge*
- *50 g Blütenpollen*

1. Sämtliche Zutaten gut verrühren. Kühl aufbewahren.

Tipp: 3-mal täglich, am besten vor den Mahlzeiten, einen Teelöffel des Stärkungsmittels gut einspeicheln.

ROSENHONIG

ein schönes Geschenk für Freunde

- *100 g ungespritzte Rosenblätter*
- *200 ml/2 dl kochendes Wasser*
- *750 g neutraler Honig*
- *3 Tropfen biologisches ätherisches Limettenöl*
- *3 Tropfen biologisches ätherisches Clementinenöl*
- *2 Tropfen biologisches ätherisches Rosenöl*

1. Die Rosenblätter in ein hitzebeständiges Glas füllen. Mit dem heißen Wasser übergießen, umrühren. Über Nacht stehen lassen.

2. Am nächsten Morgen den Glasinhalt durch ein Sieb passieren, die Flüssigkeit auffangen.

3. Den Honig eventuell im Wasserbad leicht erwärmen. Unter das Rosenwasser rühren. Die ätherischen Öle darunter rühren. Den Rosenblütenhonig in Gläser füllen. Zum Aromatisieren von Cremen, Nachspeisen und Getränken verwenden.

Zum Rezept: Ein Rezept aus Paradies Aromaküche von Maria Kettenring, erschienen im Joy Verlag.

AROMATISIERTER HONIG

Jeder neutrale, milde (dünnflüssige) Honig kann mit ätherischen Ölen aromatisiert werden.

ORANGENHONIG

- *500 g Akazienhonig*
- *10 Tropfen biologisches ätherisches Orangenöl*
- *2 Tropfen biologisches ätherisches Clementinenöl*

1. Die ätherischen Öle direkt in den Honig träufeln, gut rühren.

VANILLEHONIG

- *500 g milder Honig, z. B. Lindenblüten- oder Kleehonig*
- *8 Tropfen biologisches ätherisches Vanilleöl*
- *5 Tropfen biologisches ätherisches Limettenöl*

1. Die ätherischen Öle direkt in den Honig träufeln, gut rühren.

SESAMKUGELN

- *100 g geschälte Sesamsamen*
- *90 g Akazienhonig*

1. Sesamsamen in einer Bratpfanne ohne Fettstoff unter Rühren leicht rösten. Auskühlen lassen. In der Moulinette fein mahlen.

2. Sesammehl und Honig gut verrühren.

3. Aus der Sesammasse von Hand kleine Kugeln formen. In Pralinenpapier setzen.

Tipp: Die Masse in entsteinte Datteln füllen und diese im Kakaopulver drehen.

KOKOSKUGELN

- *100 g Kokosflocken*
- *50 g Akazienhonig*
- *für das Aroma: einige Tropfen biologisches ätherisches Orangenöl oder abgeriebene Orangenschale*

1. Die Kokosflocken in der Moulinette/im Cutter fein mahlen.

2. Kokosmehl, Honig und Aromastoff gut verrühren.

3. Aus der Kokosmasse von Hand kleine Kugeln formen. Wenn sie nicht zusammenhalten, noch etwas Honig darunter rühren.

4. Die Kokoskugeln in Pralinenpapier setzen.

Abbildung:
Kokoskugeln (weiße Kugeln)
Marzipankugeln (mit Mandelstäbchen)
Sesamkugeln (dunkelbraune Kugeln)
Gefüllte Datteln (mit Sesammasse gefüllt und im Kakaopulver gedreht)
Sesamgebäck (unten), Seite 93

HONIGMARZIPAN-GRUNDREZEPT

- *100 g Mandeln*
- *10 g Bittermandeln*
- *70 g heller, geschmacksneutraler Honig*
- *1 EL echtes Rosenwasser*

1. Die Mandeln und die Bittermandeln kurz mit kochendem Wasser übergießen, schälen.

2. Die Mandeln im Ofen bei 180 Grad kurz trocknen lassen. Fein reiben.

3. Geriebene Mandeln, Honig und Rosenwasser zu einer geschmeidigen Masse kneten.

MARZIPANKUGELN

- *100 g geriebene Mandeln*
- *50 g Akazienhonig*
- *für das Aroma: Vanillepulver oder Zimtpulver oder abgeriebene Orangen- oder Zitronenschale oder biologisches ätherisches Öl*

1. Die geriebenen Mandeln in einer Bratpfanne ohne Fettstoff unter Rühren leicht rösten.

2. Mandeln, Honig und Aromastoff gut verrühren.

3. Aus der Mandelmasse von Hand kleine Kugeln formen. Wenn sie nicht zusammenhalten, noch etwas Honig darunter rühren.

4. Die Marzipan-Kugeln in Pralinenpapier setzen.

Tipp: Die Masse in entsteinte Datteln füllen und diese im Kakaopulver drehen.

HAUT- UND SCHÖNHEITSPFLEGE
AUS DEM BIENENVOLK

Für die Schönheitspflege kommen Propolis und Gelee Royale sowie Honig und Bienenwachs als Cremegrundlage zur Anwendung. Die Bienenprodukte werden seit der Antike als Schönheitsmittel hoch geschätzt.

Bienenwachs wird von zahlreichen Naturkosmetikherstellern als Basis zur Herstellung von Cremen verwendet. Bienenwachs hat fettähnlichen Charakter und enthält u. a. das Vitamin A.

Es gibt zahlreiche Bücher, in denen Rezepte zur Herstellung von natürlichen Kosmetika enthalten sind. Da ich der Meinung bin, dass es inzwischen hervorragende Fertigprodukte gibt, möchte ich die Leser auf diese Produkte verweisen. Einige einfache Honigrezepte für Masken und Bäder finden Sie im Anschluss.

Naturkosmetik mit Bienenwachs und Bienenprodukten

- Tautropfen: konsequente Naturkosmetik und eine Babypflegeserie auf Bienenwachsbasis; erhältlich in Bioläden

- Eubiona-Honig-Kräuter-Kosmetik

- Apiana-Bienen-Kosmetik von Apiline. Bezugsquelle im Anhang

- Honig-Kosmetik-Linie von Body Shop

Diese Liste erhebt keinen Anspruch auf Vollständigkeit.

Honig kann als Schönheitsmaske für die Haut und als Haarbalsam aufgetragen werden. Honig spendet der Haut Feuch-

tigkeit. Auch als Badezusatz macht Honig die Haut geschmeidig. Auch gibt es diverse sehr gute Honigcremen und Bäder mit Honigzusatz.

Honig-Quark-Maske für trockne Haut

2 EL Blütenhonig
1 EL Vollmilchquark

Den Honig leicht erwärmen und mit dem Quark verrühren. Die Creme auf die Haut auftragen. 30 Minuten einwirken lassen. Abwaschen.

Honig-Zitronen-Maske für fettige Haut

1 EL Blütenhonig
2 TL Zitronensaft
1 TL Jogurt nature

Den Honig leicht erwärmen und mit den restlichen Zutaten verrühren. Die Creme auf die Haut auftragen.
10 Minuten einwirken lassen.
Abwaschen.

Honigmaske zur Hautstraffung

1 EL Blütenhonig
1 Eiweiß
2 TL Jogurt nature

Die Zutaten verrühren. Die Creme auf die Haut auftragen und 20 Minuten einwirken lassen. Abwaschen.

Honig-Milch-Bad

1 Tasse Bienenhonig
1 Liter Milch

Den leicht erwärmten Honig unter die Milch rühren. Die Honigmilch dem Badewasser beifügen. Sehr gut für trockene Haut.

Honig-Kamillen-Bad

1 Tasse Bienenhonig
1 Liter Kamillentee

Den Honig unter den lauwarmen Kamillentee rühren. Dem Badewasser beifügen. Gut bei empfindlicher und geröteter Haut.

Honig-Eigelb-Haarpackung für trockenes und normales Haar

1 EL Honig
2 Eigelb

Honig und Eigelb verrühren. Auf die gewaschenen Haare auftragen. Etwa 20 Minuten einwirken lassen. Gut spülen. Mit Shampoo sorgfältig auswaschen.

Honig-Olivenöl-Packung für trockenes und sprödes Haar

2 EL Honig
1 EL Olivenöl

Den Honig und das Öl verrühren. Auf die gewaschenen Haare auftragen. Die Haare mit einem Handtuch oder einer Plastikhaube abdecken. 20 Minuten einwirken lassen. Gut spülen. Mit Shampoo sorgfältig auswaschen.

Honig-Apfelessig-Haarfestiger

1 TL Honig
250 ml/2,5 dl Wasser
ein Spritzer Apfelessig

Die Zutaten gut verrühren. Als Haarfestiger auftragen. Frisieren. Gibt Halt, Glanz und Fülle.

Weitere Rezepte für die Herstellung von Naturkosmetika mit Bienenprodukten finden sich im Buch «Selbstgemachtes aus Bienenprodukten » von Bernd Dany
(siehe Literaturverzeichnis)

Biene beim Nektar- und Pollen sammeln
auf Heidekraut (Erika)

BIENENPFLANZEN

Diese Pflanzen können den Bienen in einer bereits kargen Umwelt zusätzlich Nektar liefern. Je mehr Menschen von diesen Pflanzen anbauen, desto besser für unsere fleißigen Bienen.

Kräuter und Heilpflanzen

Borretsch, Pfefferminze, Lavendel, Thymian, Rosmarin, Salbei, Majoran, Koriander, Ysop, Huflattich, Lungenkraut, Zitronenmelisse, Kamille, Löwenzahn, Kümmel, Fenchel, Anis, Baldrian, Beinwell, Estragon …

Blumen

Sonnenblume, Sonnenhut, Goldrute, Ringelblume, Phacelia, Heidearten, Kornblume, Klatschmohn, Rittersporn, Nachtkerze, Kapuzinerkresse, Efeu, Wilder Wein, Vergissmeinnicht, Lilienarten, Krokus, Schneeglöckchen, Königskerze, Akelei, Dahlie, Weidenröschen …

Hinweis: Alle durch Züchtung gefüllten Sorten, wie beispielsweise Edelrosen, liefern weder Nektar noch Pollen und sind damit für die Bienen nicht interessant.

Nutzhölzer

alle Obstbäume, rote und schwarze Johannisbeere, Himbeere, Brombeere, Stachelbeere, Sanddorn, Edelkastanie, Haselnuss, Baumnuss, Mandelbaum, Heidel- und Preiselbeere …

Zierhölzer

Weidenarten, Essigbaum, Zierapfel, Holzbirne, Ahornbaum, Rhododendron, Azalee, Weißdorn, Buchsbaum, Kirsche, Lorbeer, Ginster, Holunder, Hagebutte, Robinie, Schneebeere, Heckenrose …

HONIGPRODUKTE UND IHRE ANBIETER

Außer Honig, Pollen, Gelee Royale und dem Bienenwachs werden mit oder aus Honig diverse Getränke und andere Produkte hergestellt. Sehr bekannt ist der Met, der sogenannte Honigwein. Met wurde von Pfarrer Sebastian Kneipp als das Lebenselixier schlechthin bezeichnet. Met kann im Winter auch warm oder heiß serviert werden.

Honigwein/Met

Bezugsquellen:

Deutschland
Hermann Krischer GmbH
Met und andere Honigspezialitäten
Bienenhof
D-56651 Oberzissen

Schweiz
Honig-Zangger
Sonnenbergstrasse 38
CH-8725 Gebertingen

Met «Don Guido»

aus Wildhonig aus den Pyrenäen und Bio-Weintraubenrester mit prickelnder Kohlensäure (in 500 ml-/5 dl-Flaschen) bei

Guido Lenz,
Bio-Weinbau
Schulstraße
CH-8524 Uesslingen
Tel. 052 746 11 84

Honiglikör aus Schweizer Bienenhonig

Hersteller:
Toni Kähli
Imker
CH-5032 Rohr

Honigbier/Germanentränk

Met Bräu dunkel und Fleur d'Abeille hell

Deutschland
Hermann Krischer GmbH
Met und andere Honigspezialitäten
Bienenhof
D-56651 Oberzissen

Honigschaumwein

Eine besondere Spezialität aus Frankreich ist Cacibel, ein «cocktail au cidre et au miel» mit Cassissaft (enthält 6–8% Honig und 3% Alkohol). 700 ml-/7-dl-Flaschen, Preis ca. Fr. 14.–

Schweiz
Bezugsquellen über:
Gerhard Fasolin
Imker
Neuhofstraße 20
CH-5600 Lenzburg
Tel./Fax 062 891 36 41

Französischer Honigessig der Firma Naturata

Bezug über Bioläden und Reformhäuser in Deutschland, in der Schweiz und in Österreich

Honig mit Propolis/Miele balsamico

Ein sehr dunkler, sehr kräftig schmeckender Honig, der als Heilmittel zur Stärkung des Immunsystems täglich genossen werden kann. Diesen Honig habe ich in Italien entdeckt.

Honigmarinaden

Honigmarinaden bestehen aus Honig, diversen Gewürzen, Kräutern, Senf und Essig.

Die Firma Metbrauerei Schmitt aus Zeutern (Baden) bietet drei Sorten an:

Feine Honigmarinade
Grill-Honig-Marinade
Wildhonig-Marinade

Die Saucen sind demnächst auch in der Schweiz in Bioläden, Delikatessenläden und Honigläden erhältlich.

Bienenkosmetik

Apiline
CH-3762 Erlenbach
Tel. 033 681 80 80
Bienenkosmetik ohne Tierversuche und ohne Konservierungsmittel.

Honig-Zangger
Sonnenbergstrasse 38
CH-8725 Gebertingen

Diese Adressliste erhebt keinen Anspruch auf Vollständigkeit.

WEITERE ADRESSEN ZUM THEMA HONIG

Bienenlehrpfad der Schweiz

Lehrpfad befindet sich in Schafisheim, im Kanton Aargau.
Initiant: Gerhard Fasolin, Lenzburg.

Der Lehrpfad soll interessierte Nichtimkerinnen und Nichtimker an das Thema heranführen und einen Einblick in das Leben der Bienen vermitteln. Auf zwölf Stationen wird anhand von Bildtafeln über Bienen und Bienenhaltung informiert. Im Schaubienenhaus kann in natura betrachtet werden, was vorher an den Tafeln erklärt worden ist; Kinder wie Erwachsene können in durchsichtigen Bienenkästen gefahrlos das Treiben der Bienen verfolgen.

Auskunft und Führungen auf dem Lehrpfad und im dazugehörenden Apiarium durch
Gerhard Fasolin
Neuhofstraße 20
CH-5600 Lenzburg
Tel. 062 891 36 41

Imkereimuseum Müli Grüningen

Öffnungszeiten: April bis Oktober, jeweils 1. und 3. Sonntag im Monat von 14.00 bis 17.00 Uhr, ausgenommen sind hohe Feiertage. Gruppenführungen nach Vereinbarung. Imkerverein Hinwil, Paul Reutimann, CH-8626 Ottikon, Tel. 01 935 36 10

Einführungskurse in naturgemäße Imkerei

Gerhard Fasolin und Eugen Bühlmann
CH-5600 Lenzburg
Tel. 062 891 36 41

Martin Dettli
Gempenring 122
CH-4143 Dornach
Tel. 061 701 44 48

Christoph Helfenberger
Sedel, Postfach 321
CH-9630 Wattwil

Hugo Peter
Ägertenstraße 4
CH-2503 Biel

Kurse für Naturbau von Bienenbeuten in der Schweiz

Eugen Bühlmann
Asylstraße 46
CH-8708 Männedorf
(Strohbeute–Hängekorb /Neuheit)

Erich Peyer
«Bergheim»
CH-8826 Schleitheim

Hugo Löffel
Combe d'Humbert 5
CH-2615 Sonvillier

Vorträge über Wundbehandlung mit Honig

Kathrin Rieder
dipl. Krankenschwester
CH-4712 Laupersdorf

Honigverkauf

Vanadis
CH-8370 Sirnach
Keine Direktvermarktung an Endverbraucher. Adressliste von Bioläden/ Reformhäusern und Drogerien in der Schweiz, die Bio-(Öko-)Honig aus Frankreich führen.

Delinat AG
CH-9410 Heiden
Direktverkauf/Versand in der Schweiz von Honig aus biologischer Produktion, vor allem aus Frankreich, Italien und Spanien

Biocampo SA
CH-6900 Lugano
Versand an Endverbraucher (Schweiz) und Verkauf über Bioläden/Reformhäuser

Honig-Zangger
Sonnenbergstrasse 38
CH-8725 Gebertingen

In Deutschland wird Honig aus ökologischen Imkereien in Naturkostläden und Reformhäusern angeboten. Eine große Auswahl bietet die Firma Allos an.

LITERATURHINWEISE

Weiterführende Literatur zum Thema Honig und Bienen

Bohmert, Annegret.
Lebendige Ernährung: Theorie und
Praxis der Getreideküche.
Novalis Verlag, 1995

Dany, Bernd.
Rund um den Blütenpollen.
Ehrenwirth Verlag, 1989

Dany, Bernd.
Selbstgemachtes aus Bienenprodukten.
Ehrenwirth Verlag, 1995

de Blom, Elisabeth.
Honig für Feinschmecker.
Du Mont, 1995

Dörner, Ilse.
Kochen und heilen mit Honig.
Econ Verlag, 1996

Ebel, Margret; Ebel, Gottlieb;
Rinke, Silvia.
Naturheilküche mit Honig.
Ehrenwirth Verlag, 1996

Fasolin, Gerhard.
Faszination Honigbiene.
Eigenverlag

Finck, Hans.
Das Öko-Honigbuch.
Ehrenwirth Verlag

Francis, Claude; Gontier, Fernande.
Das Buch vom Honig.
Irisana Verlag

Günther, Winfried; Martin, Magdalena.
Naturkostschleckereien.
Verlag Bruno Martin

Herold, Edmund; Leibold, Gerhard.
Heilwerte aus dem Bienenvolk.
Honig, Pollen, Gelee royale, Wachs,
Propolis und Bienengift - Ihre Bedeutung
für die Gesundheit und Behandlungen
von Krankheiten.
Ehrenwirth Verlag, 1995

Hill, Ray.
Propolis Kittharz: Das natürliche
Antibiotikum.
Ehrenwirth, 1995

Horn, H.; Lüllmann, Cor.
Das große Honigbuch.
Ehrenwirth Verlag, 1992

Kleiner-Röhr, Christina.
Köstliches Vollwert-Konfekt:
Aus Nüssen, Mandeln, Früchten, Honig.
Hädecke Verlag, 1989

Knoller, Rasso.
Heilen mit Honig.
Falken Verlag, 1995

Miel de cru, Sorten- und Landschafts-
honige. Herboristerie Aries SA, Bioley-
Orjulaz, und Hanspeter Reichmuth,
Schwyz

Notting, W.; Schulze-Everding, B.
Praktische Bienenzucht.
Lehrmeister Bücherei

Potschinkova, Pavlina.
Bienenprodukte in der Medizin:
Apitherapie.
Ehrenwirth Verlag, 1992

Schramm, Henning.
Heilmittel-Fibel zur anthroposophischen
Medizin.
Novalis Verlag, 1997

Shulman, Martha Rose.
Die Honig- und Kräuterküche.
Ehrenwirth Verlag

Spürgin, Armin.
Die Honigbiene.
Ulmer Taschenbuch, 1996

Stern, Horst.
Bemerkungen über Bienen.
Franckh, 1996

Thun, Matthias K.
Die Biene: Haltung und Pflege.
Aussaattage M.
Thun Verlag, 1994

Uccusic, Paul.
Doktor Biene: Bienenprodukte - ihre
Heilkraft und ihre Anwendung.
Heyne, 1996

Uccusic, Paul.
Doktor Biene: Heilkraft aus dem
Bienenstock.
Ariston Verlag, 1997

Ulmer, Günther A.
Ein Geschenk der Natur:
Produkte der Bienen.
Ulmer Verlag, 1996

Ferner:

Schriften der Vereinigung für wesens-
gemäße Bienenhaltung, Hofgut Fischer-
mühle, D-72348 Rosenfeld

Unterlagen des 1. Schweizer
Bienenlehrpfades in Schafisheim,
Gerhard Fasolin, Neuhofstraße 20,
CH-5600 Lenzburg